这块屏幕改变了命运

信息化助力城乡教育均衡的七中实践

易国栋 主编

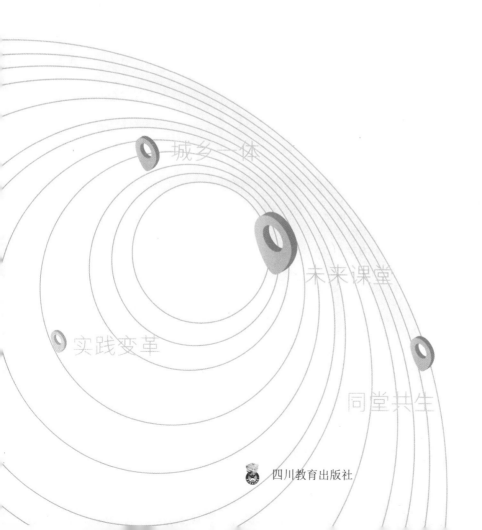

城乡一体

未来课堂

实践变革

同堂共生

四川教育出版社

图书在版编目（CIP）数据

这块屏幕改变了命运：信息化助力城乡教育均衡的七中实践 /
易国栋主编. — 成都：四川教育出版社，2020.7（2024.1重印）
　　ISBN 978-7-5408-7369-1

　　Ⅰ．①这⋯　Ⅱ．①易⋯　Ⅲ．①网络教学—教学研究—中学
Ⅳ．①G434 ②G632.0

中国版本图书馆 CIP 数据核字（2020）第 116850 号

ZHEKUAI PINGMU GAIBIAN LE MINGYUN
——XINXIHUA ZHULI CHENGXIANG JIAOYU JUNHENG DE QIZHONG SHIJIAN

这块屏幕改变了命运
——信息化助力城乡教育均衡的七中实践

易国栋　主编

出 品 人　雷　华
责任编辑　高　玲
封面设计　武　韵
版式设计　武　韵
责任校对　李　萌
责任印制　田东洋
出版发行　四川教育出版社
　　　　地　　址　四川省成都市锦江区三色路 238 号新华之星 A 座
　　　　邮政编码　610023
　　　　网　　址　www.chuanjiaoshe.com
制　　作　四川胜翔数码印务设计有限公司
印　　刷　成都市金雅迪彩色印刷有限公司
版　　次　2020 年 7 月第 1 版
印　　次　2024 年 1 月第 3 次印刷
开　　本　787mm×1092mm　1/16
印　　张　13.25
字　　数　220 千
书　　号　ISBN 978-7-5408-7369-1
定　　价　58.70 元

如发现质量问题，请与本社联系。总编室电话：(028) 86365120

教育公平是社会公平的重要基础。教育公平的关键是机会公平……根本措施是合理配置教育资源，向农村地区、边远贫困地区和民族地区倾斜，加快缩小教育差距。

——《国家中长期教育改革和发展规划纲要（2010—2020年)》

编委会

大川书系

总序

培育新时代的"大先生"

顾明远

一

　　何为"教师"？按《说文解字》的释义，"教者效也，上所施下所效"。即教的本义就是上行下效，在上位者要做好示范，一言一行，要让下位者模仿和效法。师者，韩愈释为"传道授业解惑也"。

　　古往今来，教师都是学生前行的引导人、栽培者。习近平总书记说："教师不能只做传授书本知识的教书匠，要成为塑造学生品格、品行、品味的'大先生'。"他还说："一个人遇到好老师是人生的幸运，一个学校拥有好老师是学校的光荣，一个民族源源不断涌现出一批又一批好老师则是民族的希望。"这就从人生塑造、民族复兴的高度，强调了教师的重要性。

　　那么什么人才能称为"大先生"呢？我认为就是名师，就是教育家。

　　我曾说，我们过去对教育家太感神秘了，其实教育家就是你长期从事教育工作，一辈子从事教育工作，你对教育工作有比较高的认识，而且自己有教育的情怀、教育的思想，也受到学生的尊重，能够培养出真正国家需要的人才，我觉得这应该是教育家。

　　北京师范大学的校园里有一块校训碑，上书启功先生所拟的八字校训：

学为人师，行为世范。这既是中国知识分子人格修养的标准和精神追求，又是启功先生数十年从教生涯中的一个感悟。其最基本的含义就是"所学要为世人之师，所行应为世人之范"，对今后北京师范大学乃至我国教师教育的发展，具有示以准绳、匡其趋向的意义。

我是 1949 年新中国成立前夕进入北京师范大学教育系学习的，此后的 70 年生涯，都与北师大、与中国教育紧密相连，可以说是新中国教育改革和发展的见证者和参与者。

对于教师的成长，我有一个很深的体会：教师素养就是教育质量。在新时代的背景下，教育要承担起中华民族伟大复兴的使命，要实现中国特色教育现代化，就必须要系统性地培育高素质、专业化、创新型教师队伍，就必须超越陈旧的教师培养理念、成长路径，用新思维、新策略、新路径让教师获得成长、发展。

教师成长的因素涉及方方面面，其中重要的一环，是教师的自我学习、终身学习。教育类专业出版社如能坚持致力于为教师成长提供助力，为学术理想提供支撑，我认为是很有意义的一项工程。

二

回想起来，我跟四川是很有缘分的。印象很深刻的，是 1990 年 7 月中国教育学会与四川教育出版社在成都联合举办的"全国中青年教育理论工作者学术研讨会"，会议主题是"教育与社会发展"，当时会议是由我主持的。参加会议的除了来自全国各地的中青年教育理论研究精英外，我国教育理论界知名的老专家几乎都到齐了，《光明日报》《求是》杂志等重要媒体参加会议并作报道。在当时，这次会议被认为是教育理论界的空前盛会，影响很大。

20 世纪八九十年代，四川教育社做了好几套教育学术丛书，包括大型丛书《陶行知全集》，在教育出版史上都是很有影响的。川教社后来还出过一套《中国现代教育家画传》，把老一批的教育家都写到了，这些是我们珍贵的教育遗产，我觉得蛮好。但教育是面向未来的，光是老的不行，我们要关注当下，回归教育现场，采集新的教育成果，这样才是真正地为我们这个时代的教育赋能。

那么， 如何聚焦当下的教育现场， 讲好新时代的教育故事， 为我国的基础教育提供出版推动力呢？

我认为， 首先要以 "人" 为出发点讲述教育故事； 其次， 要真实呈现教育故事， 不粉饰， 不刻意拔高； 再次， 要以问题为导向， 展现不同时代教育参与者的矛盾、 焦虑与突围， 从而将优质的教育经验及时固化。 好的故事， 要让外行也听得懂、 看得进去， 人人都能从中获得启发， 还要对国内学者、 一线学校、 教师的改革实践具有指导意义。

这套 "大川书系"， 把读者对象定位于教师群体， 把目光聚焦到教育现场， 聚焦到学校和师生的教育生态， 我认为是非常有方向感的探索。 我跟四川教育的同志们交流时也说， 四川是教育大省， 中小学生有一千多万， 名师名校太多了， 有很多优质的教育资源可以挖掘。 四川省民族边远地区， 也有很多亟待解决的教育难题， 实施了很多具有地域特色的教育政策， 都是值得研究的课题。 最近几年我走了好几个省市， 最远到了四川的藏族地区， 发现这几年乡村学校硬件有了很大改善， 但是师资 "进不去、 留不住" 的问题仍在， 老师的水平也有待提高。 所以我说， 要把眼光投向农村， 让农村的孩子能享有公平而有质量的教育。 这个的首要问题， 还是教师队伍的培育、 成长。

这套书系的命名， 内涵也是很讲究的： "大川" 从 "四川" 演变而来， 寓意立足本土、 放眼全国， 把中国教育的涓涓细流汇聚成大江大河， 为更多有教育学术追求的教师服务。 这个品牌愿景是很值得赞赏的。

四川出版在 20 世纪 80 年代出版过 "走向未来丛书"， 那是引领了全国出版潮流的。 我也衷心地希望， 四川教育出版社能够通过打造 "大川书系" 这个教育学术品牌， 来实践 "教育走向未来" 的命题。

当然， 一个品牌书系的打造， 其工程不可谓不大， 过程不可谓不艰辛， 四川教育出版社的雄心与出版担当， 由此可见一斑。 教化之功， 于我心有戚戚焉。

是为序。

2020 年 5 月

目录 ●

第五章 "启迪有方"的名校担当 157

第六章　不是尾声：未来已来　泛在已在 183

绪论

● 实现教育公平的一道光

技术变革教育，教育改变未来。我们从未如今天这样相信："这块屏幕可能改变未来"，教育信息化正在使"教育公平"变为现实。

网班是什么？

是灯。是一盏闪烁在十二点的灯，是心中时刻颤动的憧憬。鼓舞我们，也曾激励你们、他们——所有走过和即将走过高考的"我们"。

是人。许许多多的人，身边人——老师、同学；远方人——同学、老师。所有的这些人，叫作"网班"。

——《零点》韦明铖

2018 年的一天，广西壮族自治区百色市隆林县隆林中学高 2019 届网班学生韦明铖写了一首名为《零点》的小诗，寥寥数语，直撼人心。这名来自革命老区百色的普通中学生背后，是无数边远地区、民族地区的莘莘学子。对他们来说，网班就像"零点"钟声，催醒沉睡的山乡；也像一声集结号，吹响了学子们改变命运的序曲。

他们大多数在云南、贵州、甘肃、青海、陕西、江西、河南、河北、黑龙江、海南、山东、广西、新疆……中国 960 万平方公里的土地上，无数孩子对未来充满无限憧憬，期待着"知识改变命运"，他们渴望"教育公平"的曙光照进现实。

"网班是灯，更是人，许许多多的人……"换句话说，网班所代表的"全日制远程教学模式"是实现教育公平的一道光。2018 年年底，《中国青年报·冰点周刊》刊载了一篇《这块屏幕可能改变命运》，将成都七中东方闻道网校"全日制远程教学"带入更多人的视野，也将教育信息技术变革带来的脱贫攻坚和教育公平的价值展示出来。

成都七中东方闻道网校成立于 2002 年，是全国第一家具有中学学历教育的远程教育学校。2002 年网校与成都市第七中学合作，启动"高中全日制远程直播教学";2005 年与成都七中育才学校合作,启动"初中全日制远程录播教学"。随后陆续启动小学全日制远程植入式教学、幼儿园远程观摩式教学,达到学前、小学、初中、高中全学段覆盖。

网校成立至今,合作学校达 700 余所,覆盖 12 省 2 区 1 市,学生达近 30 万人。截至 2019 年,114 名薄弱地区的学生走入清华北大,一大批学生走入 985、211 学校,被自己心仪的大学录取。

…… ……

教育是国家的基石,具有基础性、全局性、先导性的重要作用。坚持教育的公益性和普惠性,保障公民依法享有接受良好教育的机会,是以人民为中心的重要体现。党的十九大报告指出,要建成覆盖城乡的基本公共教育服务体系,逐步实现基本公共教育服务均等化,缩小区域差距。

进入新时代,什么是教育公平,其意义和价值何在?教育公平就像洞彻黑夜的一道光,穿越历史,照亮脱贫攻坚、全面建成小康社会的康庄大道,让人看到充满光明的未来。在大数据、人工智能、5G 技术等如潮水般涌来的今天,我们的生产方式、生活方式、工作方式、创新手段都在被改变,教育更不例外。在"全面建成小康社会"的时代洪流中,教育信息化犹如高举的火炬,点亮教育和学校变革之灯,让教育公平如同阳光一样照进现实。

一、全日制远程教学:让教育公平照进现实

时间进入 2020 年,扶贫攻坚进入决战阶段,我国将全面建成小康社会,实现第一个百年目标。

扶贫先扶智,治贫先治愚。我们从未如今天这样相信:在筚路蓝缕、创造历史的扶贫攻坚行动中,教育的普及和终身教育体系的建立正在使遥不可及的梦想变为现实。困扰中华民族千百年的贫困魔咒正在被解开。在党和国家的强力推动下,"小康"不再是少数人的小康,而是"全面"的小康、"普遍"的小康;脱贫攻坚不仅仅是物质世界和经济财富上的"摆脱贫困",更多地表现为精神世界和创新能力的"脱贫攻坚"。

教育是国家扶贫体系中至关重要的基石。"全面建成小康社会"是一个浩大的系统性工程，要在政治、经济、文化、社会以及生态文明诸多方面取得重大成就，必须将在启迪民智方面具有先导作用的教育放在首位。发展教育，不仅可以从根源上解决精神贫困，还是阻断贫困代际传递的重要抓手，更是实现社会公平正义的现实途径。

技术变革教育，教育改变未来。我们从未如今天这样相信："这块屏幕可能改变未来"，教育信息化正在使"教育公平"变为现实。

什么是教育公平？这是一个多维度的概念，并且众说纷纭。华东师范大学教授袁振国认为，教育公平是人类社会的共同追求，也是衡量一个国家文明水平的重要标志；教育公平涉及千家万户，影响个人的终身发展，是人民群众的重要关切；教育公平既与个人的利益、观念、背景有关，所以众说纷纭、莫衷一是，又取决于历史水平、文明程度，所以不断发展、渐成共识。①

教育公平是个历史范畴。古代、近现代人心中对平等、公平、正义的解读和需求、展望各有不同，但"有教无类、均衡发展、一视同仁、因材施教"是人类从古至今、自教育诞生之日起就不断追寻的目标。千百年来，教育公平如同夸父追逐的那一颗太阳，可望而不可即。

教育公平是个地域范畴。城乡二元结构体制的长期影响严重阻碍了城乡教育的均衡发展，城乡教育资源配置不均衡，尤其是乡村及偏远地区、民族地区学校难以留住优秀师资，家校合作不紧密，教育质量不高等现实问题依然存在。与此同时，在全球化的时代背景下，教育肩负着打破由地缘政治、民族宗教分割所带来的知识和文化的边界和藩篱的重任，特别在消除受教育不平等的差距上，实现教育公平任重而道远。

站上时代峰峦，俯瞰中国教育最近 20 年的沧桑巨变，我们发现，教育公平更是个现实范畴。教育公平和每个人相关，是人民美好生活的支撑和保障。当前，在全面实现小康社会的路上，教育公平正在从梦想变成现实。

顶层设计之上，国家明确了教育优先发展的战略地位，特别是进入 21

---

① 袁振国. 教育公平研究译丛 [M]. 上海：华东师范大学出版社，2019：1.

世纪以来，将教育现代化、教育信息化的地位提到前所未有的高度，体现在对硬件设施的保障和深化应用上，使教育信息化水平不断提高。主要是创建教育信息化"三通两平台"，即"宽带网络校校通""优质资源班班通""网络学习空间人人通"和"教育资源公共服务平台""教育管理公平服务平台"。我国基础教育信息化水平从加强基础设施建设、资源共享进入网络学习空间的建设着手，极大地促进了优质教育资源的共享，促进教育公平迈上了新的台阶。①

顶层设计之下，教育部在《面向 21 世纪教育振兴行动计划》中提出："实施'现代远程教育工程'，形成开放式教育网络，构建终身学习体系。"各地各校积极行动起来，包括人大附中、北京四中、景山中学、成都七中在内的一大批优质学校开始远程教育实践，实现优质资源共享。2002 年起，成都七中东方闻道网校通过运用卫星和网络等现代教育技术，以实况直播、录播的形式，将名校成都七中的课堂教学原汁原味地传送到民族地区、边远地区，这一模式以"同时备课、同时授课、同时作业、同时考试"为主要特征，向民族地区、边远地区开放教育资源，共享教育公平的同一片蓝天。

20 年来，中国教育奔跑在信息化的高速公路上，信息技术的不断发展，变革了教育的样态乃至内涵。18 年的全日制远程教学的探索和坚持，使发达地区优质教育资源在贫困地区实现了共享、共生和共成长，不但为边远地区薄弱学校的生存和发展带来了新的生命力，也为优质教育资源开辟了一片新的天地和生长空间，为真正实现教育公平铺平了道路。

对于全日制远程教学下一步的发展，我们认为，2020 年可能是一个历史拐点。一场突如其来的新型冠状病毒肺炎疫情让在线教育走上时代的前台。教育部发出"停课不停学，停课不停教"的通知，要求 2020 年春季学期延期开学，学生在家不外出、不聚会，不举办和参加集中性活动。这个"超长假期"给"全日制远程教学模式"带来更多的可能性和发展前景，因为有 18 年的探索，成都七中积攒了非常多的优质网上教学资源和在线教学

经验，这一次迅速适应变化，利用已有平台向遍布全国各地的学子同步播出优质课堂教学内容。这预示着，扶贫攻坚任务全面完成后，推广全日制远程教学模式还有更长的路要走，对构建终身教育体系、实现教育公平有更为积极和长远的意义和价值，还有更多的可能性和无限广阔的前景。

二、机会与条件：让学校"跨越时空"均衡发展

袁振国教授将教育公平分为依梯度推进的四个阶段：机会公平、条件公平、过程公平和结果公平。"机会公平的本质是学校向每个人开门——有教无类；条件公平的本质是办好每一所学校——均衡发展；过程公平的本质是平等地对待每一个学生——一视同仁；结果公平的本质是为每个学生提供适合的教育——因材施教。这四个阶段互相关联、相互促进、相辅相成。"①

为了便于认识全日制远程教学在实现教育公平中的作用，下文首先探讨全日制远程教学带来的机会和条件的公平，其次探讨过程和结果的公平，最后，还将阐述全日制远程教学在消除"隐性不公平"上的作用。

机会公平是实现教育公平的关键。机会公平能保障欠发达地区的学生和发达地区的学生一样获得公平发展的机会。条件公平是指努力办好每一所学校，用均衡发展作为衡量教育和学校的重要指标。

国家对于促进机会和条件公平的责任，主要在于保障《世界人权宣言》规定的"人人都有受教育的权利"，这是一种起点的公平。在古代，孔子在两千多年前就提出了"有教无类"的主张；在现代，罗尔斯《正义论》提出的"作为公平的正义"有两个原则：一是对自由权利的平等分配，二是对机会和利益的平等分配。他特别提出"差别原则"，即任何社会制度的安排应该最有利于那些处于社会不利地位的人，差别原则也就是要对社会的

① 袁振国. 教育公平研究译丛 [M]. 上海：华东师范大学出版社，2019：1.

弱势群体有所倾斜。① 1966 年，詹姆斯·S. 科尔曼发表著名的《教育机会均等》一文，指出教育机会的均等不仅局限于投入的平等，还应关注家庭背景对其学业成就的影响。② 在任何时代，教育机会和条件均等都是社会关心、追求的目标和理想，而且随着社会经济文化条件的提高而不断提高标准和要求。

其一，让农村孩子看到更多希望，实现"知识改变命运"的教育机会和条件公平。

近百年来，中国社会分层与民众的受教育程度发生了很大的变化，但老百姓心中对"知识改变命运"的理想认知一直未变。特别是 1977 年恢复高考，对改变农村学子、寒门学子的人生起到了至关重要的作用。虽然应试教育和素质教育之争从未停止，但目前来看并没有一种更好的人才选拔机制能够比"高考"更大限度地体现"公平"。

然而，现行高考招生制度让农村生面临出路困境。据央视《新闻 1＋1》报道，20 世纪 80 年代清华大学县级以下学生比例占到 50％左右，而 2011 年只有约 14％；2011 年中国农业大学农村户籍新生跌破三成，而 2002—2010 年该校农村户籍新生的比例一直稳定在 30％以上。针对这种现象，媒体发出质疑："寒门子弟"为何离一线高校越来越远？"寒门子弟"、农村生进入一线重点大学的比例越来越低，这是不争的事实。③

为解决这一难题，政府在制度上进行了创新。2014 年起，国家在招生录取上采取了"国家专项计划"，即招生学校为中央部门高校和各省（区、市）所属重点高校，定向招收集中连片特殊困难县、国家级扶贫开发重点县以及新疆南疆四地州学生的一种扶贫计划。这一"补偿"的招生方式增加了"寒门子弟"进入重点高校的通道，进一步实现了高等教育机会公平。

---

① 李新廷. 从起点的平等到结果的平等［J］. 武汉科技大学学报（社会科学版），2014（2）：58.
② 杨文杰，范国睿. 教育机会均等研究的问题、因素与方法：《科尔曼报告》以来相关研究的分析［J］. 教育学报，2019（15）：116.
③ 熊丙奇. 教育公平：让教育回归本质［M］. 上海：华东师范大学出版社，2014：91.

按照科尔曼的理论，现代教育体制对于出身家庭条件好的孩子更加有利，这一原因导致经济条件好的家庭的孩子升入重点大学的比例增加，"寒门子弟"的家庭在教育上提供经济、人脉、社会资源的能力客观上不如经济条件好的家庭。那么，学校教育又应该对此做出怎样的应对和创新，以保证这部分学生接受到优质教育，甚至帮助其得到一种"优质的应试教育资源"，让农村学生和城市学生在高考这一人生起跑线上，具有同等的冲刺力？

成都七中作为四川省首批重点中学，也是西部地区少有的全国知名中学，更是不少"寒门子弟"心中的"象牙塔"，如何帮助他们实现"名校梦"，为其梦想的实现提供机会和条件，扶他们站上"巨人的肩膀"看到更大的世界？在全面建成小康社会、扶贫攻坚的背景下，政府和学校有责任最大限度地通过名校资源的输出，避免阶层固化，阻断贫困的代际传递，为"寒门子弟"和农村生提供"超越时空"的优质教育——全日制远程教学可能是一条改变命运的道路。

其二，现代社会带来的教育焦虑，呼唤"跨越时空"的教育机会和条件公平。

我国幅员辽阔，地理环境复杂，教育人口多、底子薄，社会经济文化区域发展极不均衡，在2008年才真正实现了全国城乡免费义务教育。这一时间节点正是中国经济腾飞、城市化进程蓬勃之时，城镇"大班额""择校热"等现象变得非常普遍。"教育焦虑在社会各个阶层蔓延，拥有着较多社会资源和话语权的家长生怕自己的孩子'往下掉'，而生活在社会下层的父母希望自己的孩子能'更上一层楼'。"①《中国青年报》在题为《教育焦虑城乡大蔓延》的报道中写道："并没有真正跳出'农门'的年轻父母，更加渴望能通过教育改变孩子的命运。"

国家只能在教育机会和办学条件上起到"兜底"作用，解决"都能上学"的基本诉求，保障每个人入学、就学的权利，但要满足绝大多数老百姓"上好学"的愿望，在保证教育设备设施到位的基础上，还需建立一套

---

① 樊未晨. 教育焦虑城乡大蔓延 [N]. 中国青年报，2012-03-16（06）.

将优质教育资源尽可能无损、低价输送到边远地区的硬软件体系，为贫困地区学子接触、接受优质教育资源提供真正的"机会"。

"全日制远程教学模式"创生、应用18年来，无数的远端学校师生通过收看、参与成都七中的课堂和教学，实现了城乡学生"异地同堂"、共享优质教育资源，体现了教育机会和条件的公平。

三、过程和结果：创生平等的"第二学习空间"

与机会和条件公平相比，过程和结果的公平反映了人们更深层次的诉求。机会和条件公平主要由政府承担责任，但过程和结果公平体现为实际教育情境之下的教学体验和结果评价——在教育过程中，要平等地对待每个学生，做到一视同仁；在教育结果上，要为每个学生提供适合的教育，做到因材施教。

衡量一种教育模式是否做到一视同仁和因材施教，除了可量化考核考试成绩，还表现在师生的主观体验和价值实现后的评价方面，具有很强的主观体验性。普通教学状态下，同一所学校、班级的师生都难以做到"一视同仁"和"因材施教"，如何认识全日制远程教学中的过程和结果公平？从这一模式的组织架构、操作方式和结果呈现着眼，我们认为，全日制远程教学构建了一种操作性强的公平模式，促进了教师公平和学生公平，体现为过程和结果的公平。

其一，一种可操作的公平模式。全日制远程教学构建了"前端学校"和"远端学校"两个空间维度，通过"全日制"和"同时备课、同时授课、同时作业、同时考试"经纬网格方式，打通了发达地区优质教育资源和欠发达地区薄弱教育资源交互学习、影响的通道，跨越了地域边界的隔阂，拉近了教育的发展差距，创造了一种跨学校、跨地区、跨时空的"第二学习空间"。

其二，促进教师发展的公平。教育大计，教师为本。教师是学校教育的第一生产力，优质教育资源的核心竞争力来自教师。一方面，优秀教师本身就是一种稀缺资源；另一方面，优秀教师难以下到边远山区和薄弱学校。尽管国家采取了各种教育供给侧改革补充教师资源，希望他们无私奉献、扎根贫困地区，比如从中央到地方的公费师范生教育、地方的定向招生、"特岗教师""国培计划""乡村教师支持计划"等政策让当地教师享受到政策红利，但大量的缺口满足不了教育发展的需求，也阻挡不了优质师资"往高处走"。

"输血"不如"造血"。"四同"模式把前端教师和远端教师通过"城乡同堂"的方式连接起来，使他们以"为了学生的全面发展"为共同目标，实质上打造了一个教师成长的"命运共同体"，形成了一种新的"师徒制"。承担课堂教学任务的名校优秀教师作为引领者，远端教师在课堂上配合教学，并将学习到的教学经验运用到非网班教学中，真正实现了优质教学资源的辐射。前端、远端教师在协同中相互监督，在教学方式上相互借鉴，在价值观上相互影响，实现了两端教师的平等、公平发展。

其三，促进学生成长的公平。教育的结果是学生的成长、成才，结果的公平在于促进学生成长的公平。全日制远程教学的优势是：确保在不同学校上课的学生接受同质量的教学，实现学习水平上的高度公平。

中学教育在实现教育公平上具有更重要的地位。中学阶段是人生观、价值观形成的关键时期，前端学生和数量庞大的远端学生在这三年形成"同伴成长"关系，这是其他任何教育模式不能给予的"第二学习空间"。特别是对于远端学生来说，学者张杰夫总结了六方面的正向影响：与城市名校学生成为同学，增强了远端学生的自信心；培养了良好的意志品质；提升了自主学习能力；形成了良好的学习习惯；掌握了良好的学习方法；教师、家长认为学生综合素质有了较大幅度提高。[①]

人生千姿百态，成才之路丰富多彩。"关注一部分学生，忽视一部分学生"的情况，在普通班级授课乃至任何大规模教育的形式下都会存在。但是，以学生为本，为每个人提供适合的教育，为其成长带来便利、配合和支持始终是我们追求的目标。正是为了这一目标，全日制远程教学创设出

---

① 张杰夫. 全日制远程教学研究："互联网＋"时代中国边远、民族地区教育创新模式［M］. 北京：北京师范大学出版社，2018：122—127.

了一套学生成长的组织架构和支持系统：用技术手段让更多的学生享用平等的教育资源，帮助他们拓宽视野，为其个性化发展提供更好的条件和更多的可能性。

四、文化相互激荡：耦合教育公平的"教育链"

"在显性的教育不公平之外，还存在大量的隐性教育不公平，这些不公平没有制度的规定，没有文件的记载，是看不见甚至是无意识的……当前，促进教育公平的主要任务仍然是缩小显性不公平方面的差距，但隐性不公平的问题需要予以越来越多的关注，以将教育公平不断向深层次推进。"袁振国教授在 2016 年提出了"隐性教育不公平"的概念。[1]

其一，在消除个体教学行为带来隐性不公平的同时，还要消除学校管理文化差异产生的更严重的隐性教育不公平。

个体教育行为的隐性不公平指的是性别歧视、对后进生的歧视等现象。我们需要更多关注的是学校管理上的差异，因为其可能产生更大范围的不公平。

众所周知，先进管理文化的输出和内化是一个"破""立"缠绕的长期过程。每一所学校在课程管理、班级管理、教师管理、学生管理上各有不同，尤其远端学校往往是当地历史悠久的老牌名校，在管理理念、制度文化上形成了一套比较固化的体系。一个固化的系统在面临急需的机构性调整时，靠自身的力量难以进行突破性的改革，外力的介入变得极其重要。

"全日制"的"远程教学"一旦开始实施，就会打破原有学校管理模式，同一张课表、同样的课堂教学、同样的考试……同样的要求将远端学校教育行为整合一致，与成都七中同步，所以，不少学校在实施全日制远程教学初期经历了改革的阵痛，不乏行动上的冲突和理念上的蜕变。通过这一场蜕变，远端学校会借成都七中的管理模式对自己的模式进行重新设计，并根据本校实际再次调整，再造教学流程、管理制度，重新形成新的

---

① 袁振国. 隐性教育公平透视 [N]. 光明日报，2016-05-03 (015).

学校管理模式,使其更适应当地大多数学生的全面发展。从这个立场上讲,全日制远程教学推动了学校管理文化的体制性变革,促进了学校的内涵式发展。

其二,前端学校和远端学校形成的"教育链",增强了教育的社会凝聚力,消除了教育的隐性不公平。

全日制远程教学模式是一根"教育链",以成都七中为中心,串起了远端数百所学校,影响了数万名学生,18年来影响了无数的人和学校。在全球化的今天,教育与社会凝聚力的关系成为教育社会学关注的主题。这种教学模式,使远端师生获得某种身份认同,让学习得以挣脱传统的纽带,突破原本阶层分割的离心力,对社会形成一种新的教育凝聚力。

社会凝聚力是指把人们紧密聚合在一起的某种社会吸引力。民族、宗教、传统文化都具有相当的社会凝聚力。进入现代社会以后,学校教育也呈现出凝聚社会的特征。在市场经济高速发展之下,"拜金主义""权力至上""娱乐至死"浪潮对教育的凝聚力带来负面影响,也给学校教育出了一道大的难题。

教育虽不是万能的,不能解决社会中的所有问题,但是教育发展得越好,学生成长越全面,终身学习的系统越完善,越能提振一个社区、地区人们生活、工作发展的信心。这种信心带来的隐性公平作用不可低估。根据调查,绝大多数的远端学校的教师、校长、学生以及家长高度赞同这一评价:全日制远程教学使边远、民族地区教育实现了跨越式发展,带来了实实在在的变化,回应了习近平总书记提出的"着力解决教育资源均等化问题,不能让贫困人口的子女输在起跑线上,要阻断贫困代际传递"的要求。

大道至简,大音希声。全日制远程教学模式是一种非常简单而有效的模式,18年来,一根网线,跨越时空,改变了无数学子的命运;18年来,一块屏幕,缩短了成都七中和遍布全国各地的远端学校的距离,改变了教育不均衡的状态。未来,教育天堑变通途,为更多的孩子创造更好的教育机会,成都七中东方闻道网校一直在路上。

第一章

全日制远程教学模式的缘起和发展

民族地区教育发展必须突破传统思维方式和工作方法，与时俱进，开拓创新，站在别人还没有达到的制高点上，采用最先进的手段，利用最优质的资源，实现跨越式发展的想法。

第一节　不是偶然：这块屏幕可能改变命运

2018 年 12 月 14 日，一篇题为《这块屏幕可能改变命运》的文章在微信朋友圈"刷屏"。文章以国家级贫困县云南禄劝第一中学为主要样本，介绍了边远贫困地区的学子按照全日制远程直播教学"四个同时""四位一体"的教学模式，经过三年的磨合、适应、调整，在以"屏幕"为象征的现代教育信息技术的帮助下，和成都七中的学子共享优质教育资源，跟上了城市优质教育的步伐，实现了"低进高出"。

这篇发表于《中国青年报·冰点周刊》的报道，感情真挚，事实感人，闪烁着中国的教育均衡发展和实现教育公平的希望之光。其原标题《教育的水平线》更为平实，开头的几句话尤为打动人心——

这近乎是两条教育的平行线。

一条线是：成都七中去年 30 多人被伯克利等国外名校录取，70 多人考进了清华北大，一本率超九成，号称"中国最前列的高中"。

另一条线是：中国贫困地区的 248 所高中，师生是周边大城市"挑剩的"，曾有学校考上一本的仅个位数。

直播改变了这两条线。200 多所学校，全天候跟随成都七中平行班直播教学，一起上课、作业、考试。有的学校出了省状元，有的本科升学率涨了几倍、十几倍——即使网课在城市早已流行，还是令我惊讶。

《这块屏幕可能改变命运》迅速引起了社会各界的高度关注，成为中国社会一件现象级事件。实际上，成都七中东方闻道网校从 2002 年成立起，开始进行直播教学实践，至今已有 18 年。18 年来，成都七中和网校坚持不懈，默默耕耘，从点到面，从四川的民族地区到全国各地。为了让边远地区的学子也能在家门口接受到优质教育，把教育公平从呼唤变成实践，成都七中"全日制远程直播模式"开花结果并进入公众视野，看起来有一点像偶然性的事件，其实是一种必然。

时间回到 20 年前。2000 年，四川省启动"民族地区教育发展十年行动计划"，东方闻道与成都七中合作开始网络教学的探索，经过技术论证、开发，提出基本教学模型，为"十年行动计划"建成"民族地区现代远程教育试点工程卫星直播式教学系统"，"全日制远程直播教学"走上历史舞台。2002 年，"全日制远程直播教学"正式启动，主要是借助卫星通信技术，将成都七中 9 个高考学科原汁原味的课堂教学常态化地向教育薄弱地区和民族地区的远端学校进行直播。目前，成都七中全日制远程直播教学远端学校已覆盖 10 省 2 区 1 市（四川、云南、贵州、甘肃、青海、陕西、江西、河北、黑龙江、山东、广西、新疆、重庆）的 301 所高中学校，每天88 000余名学生实时与成都七中学生城乡异地同堂学习，8 900多名远端学校的教师与成都七中教师全日制地开展协同教学。

"全日制直播教学"是一种远程教育。"远程教育"，在教育部已出台的一些文件中也称网络教育，是成人学历教育中的一种。它使用电视及互联网等传播媒体教学模式，突破了时空的界线，有别于传统在校住宿的教学模式。采用这种教学模式的学生，通常是业余进修者。由于不需要到特定地点上课，因此可以随时随地上课。学生亦可以透过电视广播、互联网、辅导专线、课研社、面授（函授）等多种不同渠道互助学习。它是现代信息技术应用于教育产生的新概念，即运用网络技术与环境开展的教育。其招生对象不受年龄和先前学历限制，为广大已步入社会的群众提供了学历提升的机会。

显然，成都七中东方闻道网校的教学模式不是这种传统意义上的"远程教育"。学者张杰夫在《全日制远程教学研究》一书中评价全日制远程教学带来的革命性影响时指出："全日制远程教学利用卫星、网络等现代信息技术有效将城市优秀教师的智慧辐射到边远、民族地区，有效提升了优秀教师的覆盖率，重塑了当地教育生态，较好地回应了当今我国教育面临的一些根本性挑战，深刻地改变了我国落后地区教育发展的面貌，甚至改变了我国基础教育均衡发展的历史进程。"

全日制远程教学有五大效果引人瞩目：一是大幅度改变了学生综合素质和学业成绩，改变了"同学"构成，大幅度增强了远端学生的信心；振奋了教育工作者的精神，坚定了其办好教育的决心。二是缩短了教师专业成长的周期，培养出一批优秀教师。三是"链式发展"，有效放大了名校优质教育资源。四是以"现代文化为引领"，塑造了一代新人。五是探索出城市名校带领边远、民族地区学校的发展之路，为城乡学校进行了教学模式的融合；采用"双师制"，实现了城乡教师教学工作的融合；通过"链式发展"，实现了城乡学校优质教育资源的共享、文化的融合、学校管理的融合。①

张杰夫这样评价道："全日制远程教学本质上是进行了一场教育供给侧结构性改革，即通过卫星、移动互联网、云计算、大数据等技术，将城市优秀教师的智慧辐射到边远、民族地区，从供给侧增加了优秀教师的智慧供给。这种供给侧结构性改革打破了我国原有的优秀教师智慧资源的自然分布状态，相当于给优秀教师智慧进行了一次革命性再分配，重塑了当地教育生态。"②

站在个体命运的立场上，全日制远程教学在某种程度上改变了师生的命运；然而，站在时代和国家的立场上，成都七中东方闻道网校独一无二的"技术变革教育"实践改变和优化了我国城乡教育的样态和生态，让边远、民族地区搭上优质教育的"快车"，为城乡教育的均衡发展提供了"引擎"，实现优质教育资源共享，从而提升教育质量，促进了教育公平的实现。

下面，让我们回溯到成都七中东方闻道网校进入远程教育的 2002 年，从历史和现实的角度找寻"全日制远程教学"成功背后的密码。

---

① 张杰夫. 全日制远程教学研究 [M]. 北京：北京师范大学出版社，2018：11—17.

② 张杰夫. 全日制远程教学研究 [M]. 北京：北京师范大学出版社，2018：17—18.

第二节 跨越鸿沟：启动四川民族地区
现代远程教育试点工程

一、世纪之交的机遇和挑战

21 世纪到来之时，信息技术以飞快的速度和磅礴之势影响了每个人，给教育带来了极大的机遇和挑战。

传统的课堂教学模式已经无法满足人民变化中的需求，被动的学习方法早已过时，现代社会要求我们在处理信息时更加积极主动。

与此同时，新技术的发展为教学提供了更加有效的方式，但也给教师和学生带来了困惑甚至担忧。光鲜亮丽的新技术不仅没有成为理想的教学工具，反而成为摆放在橱窗里的无用装饰。

从传统教育模式向新教育模式的转变，需要跨越一道鸿沟，在现代世界的各个角落，每天都有学生陷入其中。

实际上，教育的目的与升学率和考试分数无关，教育的目的是帮助人们收获人生的果实，教育的责任是挖掘人的潜力，教育的使命是提升人的尊严。①

以上观点来自美国可汗学院的创办者萨尔曼·可汗（Salman Khan）的《翻转课堂的可汗学院：互联网时代的教育革命》。可汗提出了这样的问题："谁知道天才会在哪里出现？也许在非洲的一个小村落中，某个小女孩在未来会发现治愈癌症的方法；也许在新几内亚岛上，某个渔夫的儿子会对海洋的健康状况有着深入的见解。我们怎能浪费掉这样的天分和潜能呢？如今，拥有先进技术和教育资源的我们怎能不为这些孩子提供世界顶级的教

---

① 萨尔曼·可汗. 翻转课堂的可汗学院：互联网时代的教育革命 ［M］. 刘婧，译. 杭州：浙江人民出版社，2014：序言 XII—XI.

育呢？而我们所要做的只不过是怀揣梦想，鼓足勇气，大胆行动，让这一愿景成为现实。"

萨尔曼·可汗提出的问题同样也摆在四川省这个具有广大高原、丘陵和平原的人口大省面前，自然条件的巨大差异带来了经济社会发展的巨大差异，也带来了教育质量和水平的巨大差异。"谁知道天才会在哪里出现？"天才可能出现在丰饶富庶的成都平原，也许藏在青藏高原上的藏族村落中，也可能在大凉山的贫瘠土地上，还可能在秦巴山区茫茫的大山里……与可汗学院从民间发轫不同，在中国，"成都七中网校全日制远程教学"是党和政府站在民族振兴的角度自上而下启动的，是从根本上改变民族地区教育落后面貌的应有之策。

2000 年 9 月 6 日至 8 日，联合国千年首脑会议（United Nations Millennium Summit）在纽约联合国总部举行，会议的主题是"21 世纪联合国的作用"。时任国家主席江泽民在讲话中特别强调："日益拉大的'数字鸿沟'表明，发达国家与发展中国家在科技水平上存在极大差距，这必然致使南北贫富差距进一步拉大。体现人类智慧和创造精神的先进科技，应该在全球范围内用于促进和平与发展，造福各国人民。"

数字鸿沟，是指在全球数字化进程中，不同国家、地区、行业、企业、社区之间，由于对信息、网络技术的拥有程度、应用程度以及创新能力的差别而造成的信息落差及贫富进一步两极分化的趋势。该词源于美国著名未来学家托夫勒于 1990 年出版的《权力的转移》一书，该书提出了信息富人、信息穷人、信息沟壑和数字鸿沟等概念，认为数字鸿沟是信息和电子技术方面的鸿沟，信息和电子技术造成了发达国家与欠发达国家之间的分化。数字鸿沟是信息时代的全球问题。

世纪之交，也是重新审视教育制度的最好时机，历史上新的教育改革和教育模式的探索都是在转折时期应运而生的。19 世纪末 20 世纪初，统治中国数千年的科举制度废除，来自西方的学校教育在中国生根发芽，将批量式、标准化、集中制的班级授课制带入了中国，也带来了"民主"和"科学"，让中国社会格局发生了翻天覆地的变化。

一场远程教育的革命开始了。信息技术的发展改变了人们的信息获取和信息传递方式，使教育可能突破空间限制，让优质的教育资源有手段、有技术、有渠道进行更为广泛、深入的传播，给长期落后的民族区域教育带来了希望和曙光。

二、四川民族地区现代远程教育试点工程卫星直播式教学系统启动

2002年7月7日，国务院发布《关于深化改革加快发展民族教育的决定》，指出"由于历史、社会、自然条件，特别是经济发展水平等多种原因，我国民族教育还面临着一些特殊的困难和问题：教育观念相对滞后，教育改革进程缓慢；教育基础薄弱，普及义务教育和发展其他各类教育相对迟缓；教师队伍数量不足、质量不高；教育投入不足，办学条件难以改善，学生上学困难问题较为突出，教师待遇需要进一步改善"。《决定》要求，积极推进民族教育手段现代化进程，重点支持现代远程教育网络建设，加快普及信息技术教育的步伐。

四川是一个多民族内陆大省，面积48.6万平方公里，辖21个市（州），183个县（市、区），人口8 000多万。境内有55个民族成分，14个世居少数民族，3个民族自治州和4个民族自治县，少数民族人口约415万，是全国最大的彝族聚居区、第二大藏族聚居区和唯一的羌族聚居区。四川民族地区地域辽阔，面积30万平方公里，自然环境较差，居住分散，交通不便，社会经济发展水平不高，教育基础薄弱、发展滞后，在国家实施西部地区"两基"攻坚前，四川民族地区90％以上的县还未普及九年义务教育。

为加快民族地区教育发展，四川省委、省政府制定了《四川省民族地区教育发展十年行动计划》，并把发展现代远程教育作为五大重点工作之一。2002年8月1日，四川民族地区现代远程教育试点工程卫星直播式教学系统正式建成启动，这是四川民族地区教育发展史上一件具有里程碑意义的大事，标志着四川民族地区现代远程教育从此进入了一个新的阶段。

时任省委常委、省委政法委书记、省委民族工委副书记欧泽高在启动仪式上表示，民族地区现代远程教育从试点工作的提出到组织实施，先后经历了两年多的时间。在四川省委、省政府的高度重视下，在省教育厅、

省发改委、省民族经济开发办、成都市教委和民族地区党委、政府的配合支持下，由省委民族工委、省民委牵头并组织成都七中东方闻道网校及民族地区有关部门认真实施，确保了试点工作顺利进行，取得了显著成效。

"民族地区的封闭状况没有根本的改变，外面的信息进不来，就很难培养出现代社会发展需要的人才。"欧泽高说，"进行现代远程教育试点时，就是基于民族地区'公路不通信息通''汽车不通网络通'，民族地区教育发展必须突破传统思维方式和工作方法，与时俱进，开拓创新，站在别人还没有达到的制高点上，采用最先进的手段，利用最优质的资源，实现跨越式发展的想法。"

民族地区要通信息，必须将现代科技手段落到实地。2000 年，四川省在信息网络建设的基础上选择了汶川县进行拨号上网形式的现代远程教育试点；2001 年，完成了拥有 1 个省级站、3 个州级站、50 个县级站的"民族广域网"建设任务，依托成都七中东方闻道网校启动了 6 所学校的远程教育试点；2002 年，试点的范围进一步扩大到 12 所。[①] 万丈高楼平地起，民族地区现代远程教育迈出了关键而又坚实的一步。

三、用课题的研究推广全日制远程直播教学

四川民族地区远程教育的实施，并无先例可循，需要深入的课题研究。欧泽高评价说："建成和启动现代远程教育，目前我们算是走在了前面，当了吃螃蟹的人，但绝不能满足，因为这并不能说民族地区教育的什么问题都解决了……教育、学校生产的是特殊的产品，培育的是社会需要的高素质人才，来不得半点虚假，不能搞'形象工程''路边工程'，不能只做样子给人看。"结合国务院《关于深化改革加快发展民族教育的决定》和第五次全国民族教育工作会议精神的贯彻落实，四川省要求尽快完成"四川民族地区现代远程教育课题研究"，以认真总结试点工作的成绩和经验，继续

---

① 欧泽高. 四川民族地区现代远程教育研究 [M]. 成都：四川人民出版社，2002：序 6.

深化今后发展思路、工作步骤、具体措施等研究，提出切实可行的具体思路、方案和配套措施，供省委、省政府决策，并报相关中央国家机关。

"四川民族地区现代远程教育课题研究"课题组的组长由欧泽高担任，课题组成员包括省民委、省教育厅和甘孜、阿坝、凉山三州领导及成都七中、闻道网校的教育教学专家等。

在推广的过程中，课题组把"民族地区教师队伍的结构改善和素质提高"作为当务之急。课题组提出："目前，民族地区教师队伍结构和素质都还不适应形势发展的需要，不仅理科教师缺乏，而且由于现在小学一年级就开设英语课，英语教师也严重不足，加上教材体例变化较大，灵活性更强，教师队伍结构的优化和教师素质的提高迫在眉睫，应当尽快提上工作日程。我们不仅应当让民族地区的学生共享成都七中的优质教育资源，还应当考虑利用其资源优势培训教师，提高教师的专业和综合素质。在这一点上，要想办法让从事民族地区现代远程教育工作的成都七中的优秀教师深入民族地区，更多地了解民族地区教师和学生的具体情况，使他们知道民族地区的实际需要，采取适合民族地区情况和特点的教学方法，实现成都七中优势教育资源作用发挥与民族地区实际需要的双向对接。"

2002年9月19日，四川省科技顾问团邀请专家在成都对省委民族工委、省民委、省教育厅、成都七中东方闻道网校共同完成的"四川民族地区现代远程教育研究报告"课题进行评审，专家组一致认为：

①课题组跟踪世界进步前沿信息，对现代远程教育在四川民族教育发展中的地位和作用作了恰如其分的估价。在宏观上把民族教育置于事关民族地区经济发展和社会进步、民族地区社会稳定的高度来认识，在微观上立足于将现代远程教育作为基础性工程来建设，有重大意义。

②该课题研究和项目试点以民族地区中小学为主要对象，各项工作始于2000年，至今已建立了19所远端中学并进行了教学实践，在全国各省区开展中小学现代远程教育方面起到了示范作用。课题组在认识和行动上具有超前性，符合国务院2002年下发的《关于深化改革加快发展民族教育的决定》精神。

③该课题技术含量高，选择的技术方案非常切合民族地区的实际，适用性和可操作性强。技术论证和实际教学实践表明，该成果的针对性、指导性和应用性强。

专家认为，四川民族地区现代远程教育研究课题选题重大、影响深远，具有战略性和前瞻性，是实施民族地区教育跨越式发展的有效途径，提出了适合民族地区现代远程教育发展的具体方案和措施，具有开创性和可操作性。该课题是全省乃至全国民族教育发展研究方面难得的成果。①

第三节　因地制宜：构建基于卫星的远程直播教学模式

一、选择基于卫星的远程直播的原因

现代通信技术是信息化建设和开展现代远程教育必备的信息传输的物理通道。技术越先进，通道越畅通。但是，四川民族地区地理、气候条件恶劣，远程教育点多、面广。如果利用有线光缆架构骨干通信网络，费用将非常高昂。更为重要的是，线路在地质灾害和气候灾害中易受破坏，抢修和维护都将非常困难，有时甚至是不可能的。

综合考虑四川民族地区的实际，对距离和地理条件不敏感、对地质灾害不敏感的通信方式成为必然选择。卫星宽带技术由于其维护方便、费用低而适用于边远山区、海洋、人口密度低的民族地区。其最显著的特点是不受地域限制、工程量小，和不管多少用户同时使用一种服务，其下载速度都稳定不变，适用于现代远程教育。四川民族地区幅员辽阔，通信还十分落后，发展光缆等投资十分庞大，有的地方甚至根本不可能实现，而卫星 VSAT（甚小口径卫星终端站）通信对于民族地区而言正是十分经济、有效的途径。

---

① 欧泽高. 四川民族地区现代远程教育研究 [M]. 成都：四川人民出版社，2002：
专家评审意见 1—3.

二、卫星直播式双向实时互动的结构

四川民族地区现代远程教育采用了卫星双向通信方式，进行卫星直播式双向实时互动的现代远程教育。远程教育网络由教学前端网络、卫星接收系统和远端教学点组成（如下图所示），以完成数据的采集、处理、传输、接收，完成成都七中东方闻道网校实时课堂教学的直播和网络多媒体同步教学资源的调用，远程教育网与互联网互联，以保证民族地区学校在非直播教学时间的互联网访问。

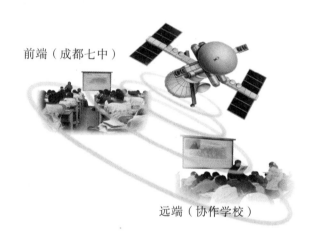

前端（成都七中）

远端（协作学校）

1. 前端：以成都七中为代表的输出端

前端由成都七中东方闻道网校前端演播室、数字线路和卫星主站托管设备等服务于卫星直播式教学的设备和通信设施构成。前端系统的核心资源是成都七中这所创建于 1905 年，国内著名、国际知名的百年名校。

2002 年 9 月，成都七中与东方闻道有限公司合作成立四川成都七中东方闻道网校，采用以卫星网为主、互联网为辅的高中全日制远程直播教学。2005 年，由普通高中直播教学发展到初中全日制录播教学。2012 年，四川省教育厅开始实施全日制远程教学二期工程，将远程教学范围扩展到了小学，实现了小学、初中、高中各阶段远程直播、录播及植入式教学的全覆盖，形成了全日制远程教学体系。输出端学校由最开始的成都七中，发展到了成都七中育才学校和成都市实验小学。2015 年，全日制远程教学又扩展到了学前阶段的幼儿园。

2. 远端：以民族地区学校为代表的输入端

目前，成都七中全日制远端学校远程直播高中教学已覆盖 10 省 2 区 1 市（四川、云南、贵州、甘肃、青海、陕西、江西、河北、黑龙江、山东、广西、新疆、重庆）的 301 所高中学校；初中教学已覆盖 8 省 2 区 1 市的 289 所初中学校；小学教学已覆盖 6 省 1 区的 140 所小学；远端幼儿园有 24 所。

本书将在以下几章详细介绍作为输出前端的成都七中所代表的优质教育资源，以及作为接收远端的边远地区学校在实施了全日制远程教学模式之后所得到的收获和启示。

三、远程直播教学模式 18 年发展

18 年来，成都七中东方闻道网校将优质资源辐射到了经济社会发展相对落后的民族地区、西部贫困地区和其他边远地区，构建了一张"全日制远程教学"的大网。这张大网将城市名校与边远、民族地区的师生连接起来，形成了一个新的教育生态体系，事实证明它是优质、高效的教育服务体系，并受到了国际国内、社会各界的广泛关注和肯定。

2001 年 1 月，《四川民族地区现代信息技术与远程教育总体方案》通过专家论证。时任副省长欧泽高到会并提出了"科学决策、试点先行、整合资源、同步教学"和"政府导向扶持、社会参与投入、共享优质资源、推进持续发展"的民族地区远程教育工作原则。

2002 年 3 月，由北京、四川两地院士主持的"四川民族地区现代远程教育研究报告"课题的专家评审会得出"直播教学是民族地区基础教育发展具有里程碑意义的重大成果"的评审结论。

2002 年 6 月，四川省教育厅同意设立"四川成都七中东方闻道网校"，

全国第一家具有中学学历教育的远程教育学校成立。

2002年7月，确立了全日制远程直播教学"四个同时""四位一体"的"双四"教学模式，并举行了"四川省民族地区现代远程教育试点工程卫星直播教学启动仪式暨网校第一届全日制远程直播教学研讨会（介绍会）"。

2002年9月，网校正式开始"全日制远程直播教学"，从此，百年名校成都七中的课堂在异地得到完整呈现。

2002年10月26日，时任国务院副总理李岚清在川考察期间，专门调看了网校现代远程教育的专题介绍，并给予肯定。

2003年3月4日，国家督学、教育部原政策法规司司长王茂根到网校本部和远端学校实地考察，充分肯定了直播教学"政府、企业、学校、社会"四位一体在帮助边远地区提高教学质量上的成绩。

2003年4月，《光明日报》以《挑战传统教育模式　创造巨量教学效益》为题对直播教学做了专题报道。

2003年9月，全日制远程直播教学走进云南。

2003年，第二届全日制远程直播教学研讨会编撰完成《远端学校直播教学管理手册》1.0版。

2004年9月，全日制远程直播教学走进贵州。

2004年，第三届全日制远程直播教学研讨会召开，首次将研讨主题定位在教学领域，并汇集了由各远端学校提供的直播教学实践成果，形成了《研讨会交流资料汇编》，为协作体内各合作学校的共同发展提供了宝贵经验。

2004年12月，编撰完成《全日制远程直播教学远端学校实施弱项诊断指标》。

2005年9月，网校开通了"全日制远程录播教学"，将成都七中育才学校的课堂教学原汁原味地向边远及民族地区传送。

2005年，正式启动教学服务，组建专业服务队伍，提出弱项比较的诊断与服务方法。

2005年，正式开展"远端留学七中"活动。

2006 年 4 月 17 日，中国教育学会高中专业委员会主办的"中国西部中学全日制远程直播教学研讨会"在成都七中召开，与会专家一致认为全日制远程直播教学的实践已经走在了理论的前面，已经发展成为一种新型的教育形态，非常适合教育均衡的需求，是我国基础教育领域远程教育的一种创新。

2006 年 4 月，"第二届国际名中学校长论坛"在英国伦敦伊顿公学（Eton College）召开，时任成都七中校长王志坚所作的题为"成都七中及其远程教育"的学术报告，肯定了成都七中直播教学走在了世界前列，使与会的校长和专家们感到震惊。

2006 年 9 月，全日制远程直播教学走进甘肃。

2006 年，编撰完成用于指导远端合作学校直播教学的《远端学校直播教学管理手册》2.0 版和《远端学校直播教学教师手册》。

2006 年 9 月，时任云南省省长徐荣凯在网校《关于高中全日制远程直播教学在云南持续发展的汇报及相关政策请示》中批示："成都七中是一所教育质量很高的学校，充分利用名校雄厚的教育资源为提高我省中等教育特别是落后山区的中等教育服务，值得研究、提倡。"

2007 年 11 月，第五届全日制远程直播教学研讨会召开。会议以"解放思想，把握规律，提升协作效益"为主题，提出"适应性改革"的概念和"把辅导重心从课后转移到课前"的远端学校管理思路。

2008 年 4 月，《中国青年报》以《均衡教育的生动实践》为题，对四川省以全日制直播教学实现均衡教育的实践进行了报道。

2008 年 4 月 29 日，时任四川省副省长黄彦蓉批示："成都七中为我省民族地区现代远程教育做出突出贡献，让藏区的孩子走进了成都七中课堂，享受优秀教学资源，极大地提高了藏区教育质量。在此，谨向成都七中东方闻道网校全体教职工致以诚挚的感谢！望继续努力，再创佳绩，为民族地区教育事业的发展做出更大贡献！"

2008 年 12 月，以"初高中衔接教育和课前预习"为主题的第六届全日制远程直播教学研讨会召开。

2009年4月，中央电视台《新闻60分》对康定中学与成都七中实现优质教育资源共享进行了专题采访及报道。

2009年，网校启动面向远端学校阶段性考试成绩分析。

2010年4月，上海华东师范大学霍益萍教授调研七中网校后说："我清楚国家现在教育改革需要什么，七中网校的直播教学实践，是一种很好的解决教育均衡问题的方式。"

2010年9月，全日制远程直播教学走进重庆市。

2010年9月，网校启动学生服务，开展针对学生的普适性与个性化服务。

2010年12月，成都七中育才学校全日制录播教学课题"教师网上跟岗研修，网班助推教育均衡"获得了教育部首届"基础教育课程改革教学成果"一等奖。

2010年4月，以"全日制远程直播教学在新课改中的适应性"为主题的第七届远程直播教学研讨会召开。

2011年3月30日，北京师范大学与七中网校共同承担的"高中全日制远程直播教学模式研究"子课题顺利结题，并获得了全国教育科学"十一五"规划课题优秀子课题奖及24项优秀成果奖。

2011年9月，直播教学走进山西。

2011年11月，时任中共中央直属机关政策研究室经济局局长、国研智库副主任李连仲，全国政协委员、国务院发展研究中心原副主任、国研智库主席鲁志强等领导来到成都七中东方闻道网校，就"教学信息化与城乡教育一体化均衡发展"进行了专题调研。调研后李连仲局长表示："七中网校这种直播教学模式相当成功，也正好与'十二五'规划接轨，解决了师资力量薄弱地区的师资问题，在培训教师方面具有普及意义，对培养人才起到了推动作用，对提高西部地区、民族地区、边疆地区的教育发展具有重大的现实意义。"

2011年12月，以"全日制远程直播模式下的远端班主任工作"为主题的四川成都七中东方闻道网校第八届研讨会召开，来自远端90所学校的

500 余名代表参会。

2012 年 9 月 6 日，在"全国教育信息化工作电视电话会议"上，时任四川省教育厅厅长涂文涛作了"四个统一 合作多赢"的主题发言，介绍了四川省"政府主导、名校参与、网校运营"的全日制远程直播教学均衡模式，得到时任中共中央政治局委员、国务委员刘延东及与会各界代表的高度认同。

2012 年 12 月，以"强化协同教学理论，优化协同教学过程，提升协同教学效率"为主题的四川成都七中东方闻道网校第九届远程直播教学研讨会在成都召开。来自远端 136 所学校的 900 余名代表参会。

2013 年 1 月 6 日，时任中共中央政治局常委俞正声赴四川省甘孜藏族自治州调研，视察康定中学直播班，对直播教学提高教学质量、推动经济发展所做的贡献给予充分肯定。

2013 年 11 月 15 日—16 日，成都七中第三十五届教育研讨会暨"全国重点中学'聚焦课堂'研讨会"和四川成都七中东方闻道网校第十届全日制远程直播教学研讨会在成都七中林荫校区召开，来自 162 所远端学校的 657 名代表参加了会议。

2013 年 11 月 28 日，《成都日报》《成都晚报》《成都商报》三大报媒同时报道了 2013 亚太地区教育信息化高层专家会议上时任教育部副部长杜占元向世界推介"成都七中网络课堂模式"的新闻，并对"成都七中东方闻道网校"全日制远程教学做了全面深入的专题报道。

2013 年 12 月 13 日，2004 年诺贝尔物理学奖获得者戴维·格娄斯受邀到成都实验小学、成都七中育才学校、成都七中进行访问与演讲，实小 50 名优秀学生代表参加了育才的手拉手交流活动；格娄斯及夫人还到网校三个导播中心进行参观了解。此次来访受到学校师生们的热烈欢迎。

2014 年 3 月 25 日，时任美国第一夫人的米歇尔走进成都七中全日制远程直播教学未来课堂高一直播班与师生互动，通过东方闻道远程直播教学系统与网校合作学校温江二中、仪陇中学的学生进行了实时交流。

2014 年 9 月，全日制远程直播教学走进陕西、江西。

2014年9月10日，时任四川省委书记王东明来到成都七中育才学校网班备课教室、网校导播中心、名师工作室和创新实验室，看望正在工作的老师们，向大家送上教师节的祝愿。得知学校远程教学系统已覆盖甘孜州、阿坝州、凉山州的147所学校，培训教师有3 000余人，王东明说："运用信息化技术开展远程教学，能够有效拉近时空距离，快速提升当地教师业务能力，缩小区域间、学校间教学水平差距，是促进教育均等化的重要手段。我们要继续加大力度做好藏区、彝区远程教育工作，并逐步扩大贫困地区、边远山区、革命老区的覆盖范围，让更多孩子享受到优质教育资源。"

2014年12月7日，以"全日制远程直播教学协作体教学设计、运营与延伸"为主题的四川成都七中东方闻道网校第十一届全日制远程直播教学研讨会在成都七中林荫校区隆重召开。来自四川、云南、贵州、甘肃、重庆、山西、陕西156所远端学校的944名代表参加了会议。

2015年4月17日，时任国务院参事汤敏一行来到成都七中，就如何大规模运用远程教学帮助薄弱地区提高教育质量进行专题调研。调研组充分肯定了成都七中东方闻道网校在推动教育均衡化上所做的努力和取得的成效，希望成都七中东方闻道网校在更广泛的教育薄弱地区开展更多更有益的实践探索。

2015年5月23日、24日，在联合国教科文组织、中华人民共和国教育部联合举办的青岛国际教育信息化大会上，时任教育部副部长杜占元将成都七中全日制远程直播教学作为中国教育信息化实践的典型案例向全世界做介绍。同时，七中网校信息化教学实践成果作为四川省信息应用成果亮相"全国中小学教学信息化应用展览"。

2015年5月30日，信息惠民国家试点城市实地调研专家组莅临七中网校，实地考察网校导播中心、前端教室，充分肯定了网校的创新教育服务模式及取得的巨大成就。

2015年9月，全日制远程直播教学走进广西。

2015年10月，确定分年级开展全日制远程直播教学主题研讨，首届"发挥远端教师导学作用，促进远端学生主体发展"的主题研讨会在成都三十七中举行。

2015 年 10 月 10 日、11 日，"四川省教育信息化推进工作现场会"在甘孜州举行。时任教育部科技司副司长雷朝滋借助网校直播教学平台与前端教师进行视频直播交流，并对网校所做的工作给予高度评价。

2015 年 11 月 8 日，被誉为世界"大数据预言家"的牛津大学教授维克托·迈尔-舍恩伯格教授到访成都七中，专门听取了网校未来课堂和翻转课堂模式设计与实践成果，并写下寄语"致在学习和教育领域大数据的推动者：祝你们越来越强大"。

2015 年 11 月 30 日，中国教育科学研究院研究员、教育部教育信息化专家、国杰研究院钱学森大成智慧学研究中心副主任张杰夫教授赴云南弥渡一中调研直播教学工作开展情况。

2015 年 12 月 13 日，以"发挥协同优势，共担教育使命"为主题的四川成都七中东方闻道网校第十二届教学研讨会在成都七中林荫校区隆重举行，有 181 所远端学校的 873 名代表参加此次会议。

2016 年 9 月 8 日，时任教育部副部长杜占元在四川省、成都市教育行政部门领导及锦江区领导的陪同下来到成都七中育才学校，走进网校导播中心，实地了解全日制远程录播教学常态工作情况，并寄语"希望你们的教育信息化应用得到更大发展"。

2016 年 9 月 27 日，"全国边远、民族地区教育信息化推进工作现场会"在甘孜州召开。时任教育部副部长杜占元率与会代表到开展全日制远程直录播教学的康定中学参观考察，高度评价康定中学的教育信息化工作，希望学校认真总结经验教训，不断提高教育教学质量，把学校办成具有国际影响力的名校。

2016 年 12 月 16 日、17 日，以"内涵发展 优质均衡""新高考背景下学科教研与教学"为主题的四川成都七中东方闻道网校第十三届教学研讨会隆重举行。来自 150 余所远端学校的近 1 000 名代表参加此次会议。

2016 年，确定以教研沙龙方式，分年级、分学科、分专题开展前端学术引领促远端教师专业成长的教研活动，丰富直播教学模式下教师跟岗研修的内容。当年启动首届教研沙龙。

2017年7月21日，时任成都市人大秘书长谢志迪一行视察成都七中、成都七中东方闻道网校，肯定了全日制远程教学模式充分发挥了成都七中作为优质名校的牵头作用，是实现教育精准扶贫的有效手段。

2017年7月9日、10日，由联合国教科文组织与中国政府共同举办的2017国际教育信息化大会，在山东青岛举行，全国藏族聚居区仅甘孜州参与会议。甘孜州教育局总督学何光良向大会介绍了全日制远程直播教学在甘孜州的应用及成效。

2017年9月，全日制远程直播教学走进青海。

2017年9月20日，华东师范大学教授、著名教育信息化专家、教育部全国中小学教材审定委员会信息技术学科审查专家组组长王吉庆，中国教育科学研究院研究员、教育部教育信息化专家、国杰研究院钱学森大成智慧学研究中心副主任张杰夫一行调研成都七中、七中网校、实小网校。

2018年9月7日，成都市委书记范锐平到成都七中东方闻道网校导播中心慰问教师。

2018年9月20日，《中国教育报》刊载题为《精准扶贫在网校开花》的专题报道。

2018年10月25日，《瞭望》周刊刊载题为《异地同堂的"七中"故事》的专题报道。

2018年11月23日，四川省委书记彭清华视察成都七中网校导播中心，在听取易国栋校长的介绍后，对远程教学给予高度肯定。

2018年12月，《中国青年报·冰点周刊》记者发表名为《这块屏幕可能改变命运》的报道，引起广泛热议和人们对薄弱地区教育的关注。

2018年12月15日，成都七中东方闻道网校第十五届教育研讨会在成都七中召开，来自150余所远端学校的800多名代表参加此次盛会。

2019年3月，教育部部长陈宝生在全国两会期间对网校工作给予高度评价："这个事非常好！"他直言："成都七中开设网络直播课是教育部多年来抓的一个点，现在全国超过90%的学校都已经进了宽带，超过60%的学校已经有了多媒体教室，远程教育对让边远地区的孩子享受优质的教育资源会有很大的作用。"

2019年9月，全日制远程直播教学走进新疆、山东、黑龙江。

第二章

教育公平的网校模式：异地同堂 师生同学

这是一所培养学生的学校，也是一所培养教师的学校。

经过 18 年的实践检验，七中网校的全日制远程教育模式走出了一条让合作学校获得学生成才、教师成功和学校发展综合效益的道路，促进了当地教育跨越式发展。

这是一所培养学生的学校，也是一所培养教师的学校。

18 年间，七中网校高中全日制远程直播教学班已送走 15 届毕业生，成为向全国重点本科院校不断输送人才的生源基地，近 40 万学生受益于升学率的提升，每年众多远端学校学生考入北京大学、清华大学、中国人民大学、复旦大学等知名高校，和成都七中本部的同学在大学校园相遇。

更让人欣喜的是，七中网校通过同堂协作教学的常态化跟岗培训方式，建立文化共同体，为薄弱学校培养了一大批从合格成长为优秀的教师，他们又像种子一样生根发芽，助力边远地区、贫困地区、少数民族地区薄弱学校教师专业成长之路。

美国著名教育家科尔曼曾对 64 万名学生进行大规模调查，发现学生的家庭社会经济背景导致成绩差异，在所有国家都非常明显。消除学生家庭社会经济背景对于学习结果的影响，已成为世界各国促进教育公平的努力方向。我国"以信息化带动教育现代化"，促进教育实现跨越式发展的道路，更是寄托了党和国家以及普通百姓的殷切希望。

然而，实现"同在蓝天下，共享优质教育资源"的理想和目标并不容易，不少远程教育项目效果难达预期。经过 18 年的实践检验，七中网校的全日制远程教育模式走出了一条让合作学校获得学生成才、教师成功和学校发展综合效益的道路，促进了当地教育跨越式发展。

18 年里，七中网校留下了大量值得研究的素材。这一章，我们试图从网校制度的设计者、学者，前远端学校管理者、教师和学生的视角，还原网校这种特殊的教育形态，探索其如何突破传统教育模式、不同地域社会经济文化的种种限制，完成教育公平蓝图的勾画，实现学生的学、教师的教和学校文化的重构。

我们循着历史的轨迹，回到网校创办之初，看全日制远程教育这种新型教育形态如何完成自我定位、确立运行机制，如何应对远端学校的信任危机，坚守教育公平的使命担当；我们跟着学生去感受，前远端协作的"双师制"教学模式如何围绕"以学生为主体"的教育理念，助力他们实现考上理想大学的梦想，触摸教育公平的第一道曙光；我们在教师的讲述中，读懂互联网如何发挥独特优势，突破传统师培模式的局限，将"只能意会，不能言传"的隐性知识精准传递，缩短远端教师的成长周期，带来教育公平的第二道曙光；最后，我们回到七中校园，看这所百年名校如何传承"启迪有方"的学校文化，如何让远端学生具备核心素养和核心能力，成为"中国脊梁"，让教育公平的曙光照耀未来。

第一节　创新远程教育形态：对育人全过程负责

一、定位决定成败——网校与学校发展血脉相连

2004 年 7 月，康定中学教师程远友接到任务，当直播班班主任兼英语教师。康定中学是最早一批加入网校的成员校，如今两年过去，教学质量不见起色，校领导对程远友寄予厚望。两年不见成效，不少老师对直播教学有意见，程远友也持保留态度，找此前带直播班的老师交流之后，他更是心灰意冷，"一开始不打算跟直播，如果要用的话，那都是采用录播的方式欣赏一两节课。"程远友坦言。

8 月底，七中网校的技术老师李斌和杜明来来到康定中学，看到开办直播教学两年后的现状，非常焦急。在直播班专题会上，两位老师说明了来意，介绍了甘孜州及康定中学的直播教学现状。对比凉山州几所成功学校，李斌直言："如果维持现状，甘孜州的直播教学状况肯定会每况愈下。""康定中学是甘孜州的第一高中，如果康定中学这一届网课直播班仍然失败，就代表整个甘孜州都失败了，所以高 2007 届这个网班一定要成功！"

这句话戳中了程远友的心。学校一座大楼的楼顶上，挺立着五口"大

锅"，它们是学校在不同时期用来接收国家和地方政府部门、机构或企业赠送的教学资源的卫星装置。这五口"大锅"只有一口在亮灯，其他四口已经不亮了。这些"大锅"是 21 世纪以来我国对边远、民族地区"输送"优质教育资源工作的一个缩影。

程远友不知道，如果最后这口"大锅"也不亮了，康中的希望在哪里，学生的未来又在哪里。

这样的故事，在不少远端学校都发生过。一些学科教师认为自己"被边缘化"，消极备课，甚至快下课了才到教室；学生上课就当看"电视"（投影幕布），下了课还按原来的方式学习。教师不知道如何适应自身角色的变化，从思想上、感情上排斥直播教学，并将这种倾向传递给了学生。

不少师生心中有疑惑：边远地区学生的知识储备、思维能力、眼界、视野，和成都七中学生完全不一样，网校能改变什么？

摸底考试是网校学生的"噩梦"。贵州省大方县第一中学学生刘倩看到成绩单时备受打击，"觉得自己很笨，很没用"，不仅是考试成绩不理想，还因为全英文的英语教学，语文的大量阅读，物理、数学的难题，几大学科都亮起了红灯。

"全班惨败""一塌糊涂""及格都难"，网校毕业生回忆起这次考试，这样形容。能够进入县中、进入网班的学生，都是各个区县的佼佼者，经此一役，此前的"自信"荡然无存。

"网校并不适合所有学校、所有人。"回顾 18 年的得失，网校负责人亢文芳感慨，加入网校绝不是被动地使用资源，而是要打破原有的教学和管理模式，学生的学习方式、教师的教学行为、学校的管理机制要整体发生变化，这需要很大的决心。网校有退出机制，如果学校不能把资源用活，可以退出。

加入网校，不是得到一张让高考全胜的"王牌"，而是用全新的方式下活学校教育这盘棋。

每年的全日制远程直播教学研讨会是前端和远端学校相聚一堂的盛会，远端学校的骨干力量从四面八方赶来，会聚在屏幕上早已熟悉的七中校园。会上，国际国内教育的最新动向、七中教师的思考与实践，都备受关注。

还有一个重头戏：研讨如何提高网校协作教学效益。

2007年，第五届直播教学研讨会上，时任七中校长的王志坚做了题为"解放思想，把握规律，进一步提高协作体教学效益"的主题发言。他提出："直播教学在学校的定位直接决定了协作效益。"

王志坚把学校对直播教学的定位分为几类：有的学校把直播教学定位为借牌子，想借成都七中在学生和家长中的知名度，吸引一些好学生；有些学校把直播教学定位为培养一些尖子生，以改善口碑；有些学校为了扩大优生的比例；有些学校更看重教师培训，希望通过协同教学培养自己的年轻教师。

"取法乎上，仅得其中；取法乎中，则得其下。"他认为，不同的定位直接导致了不同的做法和不同的结果。对于借牌子招生的学校，其结果必然失败。他明确表态："这样定位的学校不是我们的合作对象，今年就拒绝了一些这种定位的学校，我们不同意合作，因为，这不是我们要的结果。"

他认为，需要以一种新的教育理念和管理思想来看待新技术条件下"教"与"学"的模式，看待直播教学的协作。"我们赞赏将远程直播教学和学校的战略发展相融合的定位，只有这样的定位才能全面、正确地理解全日制协作的含义，才能有计划地安排协作的进程，才能在学生成才、教师成功、管理改善、学校发展方面做足文章，也只有这样才能很好地看待直播教学所引发的学校管理与文化的适应性改革，也只有这样才能将协作融入学校工作的各个方面，从而使直播教学得到强有力的支持，而这样的支持是直播教学取得成效的基本保证。"

二、"双四"模式——实现教育机会的公平

边远、民族地区基础教育发展落后与其所处的地理环境偏远、文化封闭和知识隔离密切相关。有学者提出"长江模型"，从长江上游、中游、下游到入海口，我们可以依次发现人类文明四个阶段的典型特征：原始文化、农业文明、工业文明和知识文明。

模型揭示出，我国民族地区大部分还处于人类文明进程的初始阶段，

随着知识社会的到来，面临发展的更大威胁——知识隔离。"在知识社会里，没有贫穷的国家，只有无知的国家，对于任何一个人、组织、企业和国家，获取和应用知识的能力是竞争成败的关键。"①

边远地区的学生渴望拥有获取和应用知识的能力，渴望改变贫困代际传递的命运。

"虽然发现了和很多同学之间的差距十分大，需要我用更多的时间来弥补，但我至少有了一个可以弥补的机会啊！"《这块屏幕可能改变命运》在朋友圈被广泛转载后，不少受益于网校的远端毕业生纷纷发表感慨。

为确保实现教育公平的目标，最大限度保障学生读到"原汁原味的七中"，同时，针对中学生年龄段的生理和心理特点，即中学生的年龄段还不能适应完全的自主学习，网校大胆突破成人远程教育"时空分离"的基本定义，设计了实时双向交互的"空间分离，时间相同"教学方式，组建"远程直播教学班"，建构"四个同时""四位一体"的异地同堂模式。

"四个同时"即同时备课、同时授课、同时作业和同时考试。九大高考学科每周一次联网备课会，授课教师与远端教师共商一周教学安排及教法和学法；远端学校同学与成都七中本部班的同学执行同一作息时间表、同一课程表；远端学校采用和成都七中相同的教材、教辅材料，学生在相同的时间段内完成由成都七中授课教师布置的作业；远端学校与成都七中在同一时间使用同一份试卷考试。

教学组织采用"四位一体"模式，即把关教师、授课教师、远端教师、技术教师四位一体。成都七中教育专家，负责教学监督和把关，负责对授课教师进行指导；学科专业水平高、授课效果好的优秀教师担任授课教师；成都东方闻道科技发展有限公司技术人员负责导播与技术支持；远端教师负责远端班学生教学组织、管理，营造融入性的学习氛围、课堂氛围。

同时备课、同时上课、同时作业、同时考试，意味着远端和前端学生有"同样的标高"，意味着消除学生家庭社会经济背景的影响，追求教育结果的公平。

---

① 张杰夫. 全日制远程教学研究［M］. 北京：北京师范大学出版社，2018：47.

美国著名教育家科尔曼曾对 64 万名学生进行大规模调查，发表了著名的《关于教育机会平等性的报告》（《科尔曼报告》）。他提出，解决教育公平问题，光靠改善物质条件是远远不够的，更重要的是注重教育的结果。在他的影响下，美国在全国强制实行"黑人白人"同校等一系列措施，最终培养出一大批包括前总统奥巴马在内的少数族裔社会精英，促进了教育公平发展。①

三、嫁接成功的关键——前、 远端"亲和力"

2007 年，是程远友带的第一届直播班学生毕业的日子。"高 2007 届这个网班一定要成功！"这句话仿佛还回荡在耳边。这届他倾注了"几乎除睡觉外所有时间"的学生取得了优异的成绩，创造了康定中学一个班高考本科升学率 100％的历史。这个消息令人振奋，康定中学"直播教学不现实"的声音彻底消失。

康定中学的成绩，提振了所有远端学校的信心。第五届直播教学研讨会上，王志坚总结了康中经验：在大家为直播教学是否适合本校而迷茫之时，康定中学领导对直播教学规律进行了深入的探讨和分析，认定直播教学是康中崛起和跨越发展的重要依托，为此，学校义无反顾地以满足直播教学为目的进行了管理思路的调整，设立了直播教学办公室，形成了全校以直播教学为主线的教学进度考核和教师成绩考核机制，并迅速申办了初中全日制录播教学，形成了六年一贯制的成都七中学生培养模式，教学效益得到了快速的提升。

连续几年，直播教学研讨会的中心议题都是"提高协同效益"。在第六届直播教学研讨会上，王志坚提出了"亲和力"这个概念。他把前端和远端学校比作"相同品种"的植物，正如接穗与砧木的亲和力越强，嫁接成功的概率越高一样，亲和力是网校生命体生存具有活力的基本条件。

他进一步提出，三种因素决定前、远端的亲和力：一是思想、意识的

① 张杰夫. 全日制远程教学研究 [M]. 北京：北京师范大学出版社，2018：12.

亲和，这种亲和表现为协作学校在办学理念、管理思想上的亲和，对学生培养机制、教学科研模式的认可，以及对全日制远程直播教学协作模式的认同。二是师生对直播教学的亲和，对前端教师的亲和。创设异地同堂的首要任务就是引导学生认同前端教师、认同成都七中、认同直播教学，强调只有这样才能亲七中之师、信七中之道、乐直播之学。关注教师对直播教学的亲和、对成都七中的亲和，实践证明，既解决了教师亲和问题，也解决了学生的亲和问题。三是增进知识亲和力。客观看待学生初中学习基础的差异，正确认识初高中教学任务、教学容量、系统性、理论高度和学生生理、心理的差异，从学习态度、学习习惯、学习方法、学习方式和知识内容上进行有效衔接。通过这样的衔接提高前端和远端学生知识基础、学习习惯、学习方法上的亲和力，提高对高中学习任务、直播教学容量、系统性的亲和力。

"新加入的直播学校往往比老学校少走弯路，新开设的直播班往往比往届的直播班状态好，这是因为我们不断开展直播教学规律研究，顺应直播教学规律所带来的结果。"王志坚说。有了这套科学的"嫁接"方法，网校协作效益一年比一年好、一届比一届强。

四、网校"画像"——对育人全过程负责

消除学生家庭社会经济背景对于学习结果的影响，是发达国家促进教育公平的努力方向。[①] 在 2000 年 10 月召开的党的十五届五中全会上，党中央明确提出"以信息化带动工业化，发挥后发优势，实现社会生产力的跨越式发展"的重大战略决策。2000 年 10 月 25 日，教育部召开了全国中小学信息技术教育工作会议，做出了"以信息化带动教育现代化，努力实现基础教育跨越式发展"的战略部署，逐渐演化为利用信息技术向边远、民族地区输送优质教育资源，以促进其教育实现跨越式发展的路径。[②]

---

① 商发明. 全球十大教育发展新理念 [N]. 北京日报，2014-03-12 (09).
② 张杰夫. 全日制远程教学研究 [M]. 北京：北京师范大学出版社，2018：19.

通过全日制远程教学促进教育均衡化，实现教育公平，是人类前所未有的事业。七中网校的实践引来学者们的密切关注。

北京师范大学副校长陈丽通过与国内外现有远程教育模式进行对比，为七中网校进行了画像。远程教育的第一种模式只提供资源，如农远工程等；第二种模式不仅提供资源，还提供答疑，如一些中小学网校提供几门课、测验和答疑，属于资源补充，必须要与其他的教学模式相结合；而七中网校属于第三种，不仅给资源，提供答疑，帮助学生学习一门课程，还对学生学习的全过程负责。

陈丽认为，第一种模式的问题在于，资源毕竟不是学校，要不然图书馆就是最好的学校；第二种模式则是提供资源、提供服务，但只教书不育人。七中网校的全日制远程直播教学关注学生学习以及成长的全过程，属于一种独立的教育形态，"这是一种创新，这与其他所有网校有着本质的区别，这是对远程教育理论的发展"。

在七中网校这个大家庭里，前端和远端教师就像两个家长，共同对学生的学习和成长负责。并且，远端教师帮助学生从心理上接受并掌握这种新的学习方式，责任更大，任务更重。根据陈丽的说法，全日制远程直播教学取得的成就，70%源自远端教师的付出。

第二节　流程再造：以学生为主体的"双师制"教学

一、心理牵引——让远端孩子有梦敢追

关于成都七中，远端师生听到各种"传说"。"七中的孩子是'天才'，平时不熬夜，下课能逛街。"知乎上有一篇帖子：在成都七中上学是一种怎样的体验？有同学留言说，我们的下铺兄弟可能是一个熟读中国古典文学的足球爱好者，我们的邻桌可能是精通几门语言的时尚达人，我们的老师也可能是一个弹唱俱佳的化学天才。

不管是形容七中的学生，还是老师，人们不约而同地用到"天才"这

个词。

参加直播教学以前，七中师生是一个遥不可及的存在，参加直播后，远端师生不仅见到了课堂上师生的风采，还通过到七中"留学"一周等各种交流活动走进七中，看到屏幕背后真实的人。

与七中优秀的学生和老师并肩，南充市营山中学学生王铁桥用"卑怯"这个词来形容，差距摆在那里，每个人都看得到。但王铁桥还是想做一个有"野心"的人，"人如果没有梦想，跟咸鱼有什么区别？"他说。到成都七中"留学"的学生不断传回小视频。远端学生发现，原来七中学生中午也会留在班里自习。"天才"们不仅是天才，也很刻苦。他们有规划，会自己琢磨报哪些辅导班。

给"天才"们上课，并不轻松。"大家都知道七中学生优秀，你教得好是理所应当，教得不好天理不容。"执教直播班的前端英语教师李晓东这话一半玩笑一半真。社会各界，尤其是家长对七中学生的期待非常高，如果老师没有足够的教学水平，"两三天就给你轰下台"。当然，更多的情况是，学生或许什么都不说，一个蔑视的眼神，已经足够让你恐惧。

"七中之行终生难忘，可以说改变了我生命的方向，让我一辈子全身心投入教育事业！"凉山州越西中学教师袁小华到成都七中参加教学研讨会，一节班会课让她终生难忘。年轻的女教师讲到把家里不满两岁的孩子送进全托幼儿园，天还没亮，就要动身去上班，临走时给孩子说，还有一帮学生在等着我。听到这里，袁小华潸然泪下，她的孩子也是同样大小，也面临同样的难题，"这样的精神鼓舞着我，在教育的路上更加坚定有力。"她说。在同事的眼中，袁小华"身上永远澎湃着创新的激情，心中永远涌动着仁爱的真诚"。"而这一切都是从成都七中远程直播开始的。"袁小华说。

"成都七中没有超人，只有超人的意志。""选择成都七中，就是选择一条艰苦奋斗的成功之路。"这些流传于七中校园的名言，逐渐变成一个个具体的人、一件件具体的事，一个真实的七中展现在远端师生的面前。

全日制远程教学输送的是城市优质教育资源。那么什么是优质教育资源？根据张杰夫的研究，优质教育资源应该包括六个基本要素：课程资源、教师资源、制度资源、文化资源、物质资源和学校品牌资源。"全日制远程教学模式之所以能够取得较大成功，关键是因为它不仅将城市优质教育资源中狭义的教学资源送到了边远、民族地区学校，而且还将作为教育资源重要组成部分的优秀教师智慧，以及名校的制度资源、文化资源、品牌资源等作为模式的要素，一同输入远端学校。"①

心理学的"罗森塔尔效应"也称"人际期望效应"，说的是教师对学生的殷切希望能戏剧性地收到预期效果的现象。教师的期待能够激发学生发挥最大的潜力。网校给学生树立了一个听起来几乎不可能实现的目标："和七中本部学生同样的标高"，更为重要的是，给了他们一整套课程、教师、制度、物质和学校文化资源作为支撑。

这种超高的期待，成都七中校长易国栋认为是一种"心理牵引"。他说，学生是学习的主体，直播就是要让学生在心理上接受自己是成都七中远端班的学生的身份，从而以成都七中学生的要求来要求自己。直播的设计首先在于心理牵引，在于学生身份定位的初始化。有了这样的定位以后，大部分远端学校对学生的超高要求在学生的心目中逐步变成正常的要求，易于接受，而这种接受已经标志着他人生成功的开始。而在完整的高中三年时间里，远端学生与成都七中校本部前端班的学生一起经历1 000个日日夜夜的每一个细节，他们一起心跳、一起叹息、一起欢笑、一起愁眉、相互鼓励、一起吐槽，在七中的育人体系的浸润下，潜移默化地成为志向高远、善于表达、自信从容的七中人，同样实践着成都七中"全球视野，中国脊梁"的培养目标。

正如《中国青年报》记者程盟超在《这块屏幕可能改变命运》一文中写到的，网校打开了远端学生通往新世界的一道门，"那种感觉就像，往井下打了光，丢下绳子，井里的人看到了天空，才会拼命向上爬"。

二、以学生为主体的理念：教师甘为人梯

"向上爬"绝不是"死记硬背""盲目刷题"。

---

① 张杰夫. 全日制远程教学研究 [M]. 北京：北京师范大学出版社，2018：60，62.

重庆綦江中学一位学生根据初中的经验，以为不断学习、做作业就能弥补差距。他经常熬夜，整天埋头苦读教科书、做练习题，很少有娱乐活动，同学的讨论也不参加，一个人拼了命地学习，结果白天头昏脑涨，形成了恶性循环。

不断碰壁之后，他得出结论：

"光勤奋是不行的，还要懂得怎样勤奋。"此后，他决心成为学习的主人，"从此，篮球场上多了一个身手迅捷的身影，中午和下午吃饭铃声刚一响起，成群的抢饭族中多了一个背影，课间时教室中的欢笑声大了许多、持久了不少，同学讨论时多了一把久久没有搬离的椅子，排名榜上靠前的几位中出现了一个熟悉但似乎又陌生的名字，但是在某一个角落始终有一个乐观的同学在学习着。"

在传统教育模式中，教师把主要精力集中在教教材之上，忽视对学生的学法指导，不少学生重复着低效的学习方式，即便是加班加点也难出成绩。当课堂教学这部分工作被前端教师承担后，如何指导"学生的学"成了远端教师工作的重心。

罗清红是成都七中第一届直播班的物理教师，在直播班的讲台上，他由一名普通教师，逐渐成长为管理干部、副校长。2015 年，他调任成都市教科院院长。他的《大数据时代的万人课堂》一书，就是以直播课堂为例谈大数据对教学方式变革的影响。他把传统课堂中学生的学习过程比作课堂教学的黑箱，没被提问的学生被动"噤声"，不愿回答问题的学生主动"失声"，学生学习状态成为一个未知的黑色地带。[①]

黑箱，指的是一个内部结构不清楚的区域或者系统。传统教学方式下，"学生学什么"相对清楚，但"学生怎么学"却是混沌一片。对于远端教师来说，第一个挑战就是：打开"学生怎么学"这个教育黑箱，针对班情、生情因材施教，帮学生找到一条科学、系统、可测量、可改进的学习路径。

---

① 罗清红. 大数据时代的万人课堂［M］. 北京：人民日报出版社，2017：7，10.

四川省剑门关高级中学作为一所建校十多年的年轻学校，就是通过把"学生怎么学"作为中心工作，在周边名校的夹缝中突围。2009年加入网校前，全校考入一本院校的仅3人，考上本科的仅18人，但到2016年，考入本科的已有90人，并且连续几年有学生夺得全县理科状元，被北京大学录取。校长邓思勇在介绍经验时，谈的主要几点都与培养学生学习能力有关：

加强习惯培养，包括行为习惯、生活习惯和学习习惯，学习习惯培养尤为细致，包括如何预习、如何听课与笔记、如何复习清理、如何作业、如何接受个别辅导、如何纠错等，同时培养学生自主学习、自主探究、自己纠错的习惯。成立学习小组，营造互帮互助的学习氛围。扶优补差，由学生和班主任共同确定本学月扶优补差学生及相关科目所要达到的目标，科任教师对目标生进行个别辅导。强化自主管理，学科教师每人对应一个学习小组的个性化指导，包括学生的思想、生活、行为习惯、学习成绩等。每期召开两次直播班家长会，集家校合力培育英才。

对学生学习过程的关注，对于远端学校来说，是"刚需"，决定七中教学模式能否在当地成功扎根。南部县建兴中学2015年开办第一届网络直播班，2018年高考实现了历史性突破，直播班本科100%上线，一本上线率为40%，在南充市农村中学中反响非常大。

建兴中学教导处主任何正伟认为，转变学习方式是适应七中教学模式的关键："在学习方式上，我们从以前的'教教材'到'教方法'转变。七中课堂的大容量就意味着要上好网络直播课，学生必须做好充分的准备。但是课程安排得紧凑，决定了光靠有指导的预习时间是完全不够的，学生必须要适应在无指导的情况下自我学习。自主学习成了网班学生必须提高的能力。从有指导的学习到无指导的自学，学生的学习能力提高了，效率也就上来了。"

成都七中的教育思想总结为"着眼整体发展，立足个体成才，充分发挥学生的主体作用"的"三体"。在教学活动中，成都七中努力实践"三体"思想，为此得到了社会的认可，促进了学生的发展。在直播教学的合作学校中，远端很多优秀教师、名师为了发挥直播教学的整体效益，深入研究直播教学的规律，拥有助学生成才的伟大情怀，甘当学生的人梯，甘当直播教学的艄公，默默地将智慧隐藏在帮助学生与成都七中课堂的无缝连接中。

三、流程再造——发挥"双师"教学最大效益

"教师的教"是普适性的，而"学生的学"是个性化的。"因材施教是教育改革与发展的方向，也是教师千年的梦想。"王志坚认为，在教师做好课堂组织，引导学生积极参与课堂，课堂上学生状态达到"应起来""动起来"的基本状态以后，教师的工作重点可以转移到课前预习、课后管理与分层辅导上，转移到"因班级个体之材""因学生个体之材"施教上。

"直播教学的开展让'以学生为主体'的教学理念落到实处。"易国栋认为，成为远端同堂协作教师的那一刻就注定了远端教师身份的转变：从知识的宣讲者转变为学生学习的参与者和帮助者，成为学生成长的导师。前端和远端学校的教学协作是直播教学成功的关键。成都七中的授课教师，其主要任务是面向前端、远端的班级进行普适性教学，其教学进度、难度的设计和教学技术的应用要尽量兼顾前端和远端学生的共性。远端学校同堂协作教师的主要任务是：一是在成都七中普适性教学的过程中做好课堂组织和课中协同教学，帮助学生在课中理解和消化七中教师的授课内容；二是根据本校本班学生的实际情况，设计课前预习的内容，进行预习环节的管理和课后的分层指导，实现远端学生的个性化学习和最充分的提升。

"以学生为主体"的"双师制"教学模式，并不是把一个老师的工作分成两份，而是对传统教学与管理流程进行再造，使名校和远端薄弱学校融为一体进行日常教学。

1990年，美国管理大师迈克尔·哈默博士在《哈佛商业评论》上发表了题为《再造不是自动化，而是重新开始》的文章，第一次提出了流程再造的概念。流程再造的目的是通过对产品生产流程进行"根本的再思考和彻底的再设计"，以追求企业业绩的最大化。随着现代信息技术的迅猛发

展，企业界兴起了一场被喻为"从毛毛虫变蝴蝶"的企业再造革命。张杰夫认为，全日制远程教学因其对学校教师角色、教学与管理流程、课堂教学交互方式和教学评价等方面的再造，走在了这场教育革命大潮的前方。[①]

通过大量的交流和对成功经验的梳理，网校总结了远端学校教学协作的十六字工作建议，即"预习课前，协同课中，管理课后，分层辅导"，并细化成可操作的具体方案。各学校根据实际，完成教学与管理等流程再造。其中最核心的是远端教师工作要求的变更。

以康定中学为例：

1. 衔接学前

初高中知识衔接准备；学习习惯、学习方法的培养；熟悉直播教学模式。缩短学生从初中到高中、从传统教学模式到直播教学模式的适应期。

2. 准备课前

远端教师在参加同步备课前熟悉教材内容；按时参加每周一次的网络同步备课；提前学习前端教师的教学课件和教学设计，根据学情确定课堂点拨要点；辅助学生做好课前预习，引导学生由"教师介入指导"逐步向"自主预习"转变。

3. 协同课中

远端教师应在课堂上扮演好组织者、导学者、助学者、调控者。

调动学生的积极性，组织学生按时、定量、高标准地完成教学任务，通过板书补充、语言点拨、知识铺垫等方法，搭桥引渡；组织好与成都七中学生同步进行的课堂训练和交互活动。

4. 管理课后

管理课后是指远端教师对学生的学习情况和综合素质发展的管理和指导，目的是让学生更好地适应全日制远程教学，提高学生的综合素质，如树立学生的自信心，培养学生的自主学习能力，引导学生养成良好的学习习惯，帮助学生掌握正确的学习方法等。

---

① 张杰夫. 全日制远程教学研究 [M]. 北京：北京师范大学出版社，2018：7.

四、教育公平的第一道曙光——让学生成才

全日制远程直播教学能够消除学生家庭社会经济背景的影响，实现教育结果的公平吗？各远端学校在直播教学走入正轨后，有了答案。

2002年9月1日，成都七中东方闻道网校全日制远程直播教学正式开播。从2005年第一届直播班学生毕业至今，七中网校高中全日制远程直播教学班已送走15届毕业生，成为向全国重点本科院校不断输送人才的生源基地。远端学校发回来的高考喜报振奋人心，主要呈现三大特点：①远端学校办学成绩取得历史性突破。不少学校本科上线人数创历史新高，马尔康中学2010级直播班实现了令人振奋的"低进高出"，重点上线率创学校历史新高；云南省昆明市禄劝自治县第一中学直播班屡屡刷新最高成绩，2014级文理科班本科上线率均为100%，并勇摘禄劝县文、理状元桂冠，高考成绩再次创历史新高！②远端学校办学质量持续提高。随着时间的推移，不少直播班本科上线人数由个位数逐渐稳定在80%左右，越来越多的学校达到100%，带动整个学校办学质量高位前进。如康定中学2010级直播班，全揽全州单科第一，激活了全州的教育生态，带领全州教学质量高位前进。③拔尖人才在质和量上得到提升。不少学校首次培养出考入北京大学、清华大学的学生，每年大量网校学生考入中国人民大学、浙江大学、复旦大学、同济大学等知名高校，和成都七中本部的同学在大学校园相遇。

康定中学校长陈军有个比喻，他说康定中学的教学质量过去在凹凸不平的"土路"上，像蜗牛一样爬行，现在像步入"高速公路"一路奔跑。如今，在成都七中东方闻道网校搭建的这个"高速公路"上，八万七千余名学生向着改变贫困代际传递的梦想，一路奔跑。

从网班毕业的学生不是考试能力强的"应试高手"，而是真正的"学习高手"。从四川盐源中学直播班考入清华大学的龚国仙，在大学校园中思考了一个问题："辛苦了那么多年，到底得到了什么？"后来他才慢慢感知到，"在这个优秀的集体中收获的是强大的学习能力、坚持不懈的性格以及一股积极向上的韧劲儿。"从重庆綦江中学考入北京大学的蒋绍垟，因为川渝两

地高考命题不一样，在学校安排下仅参加了两年的网班学习。他认为，正是这扎实的两年学习让他在高三复习期间基础更为牢固，思维也更多样化；赴七中的交流使他能够与网校的顶尖好手进行交流，让他的学习安排、实施都显得游刃有余。

张杰夫援引教育部民族教育发展中心委托课题（2013 年）"远程直播教学促进民族地区教育跨越式发展调查研究"，和中国教育科学研究院中央级基本科研业务费专项基金项目（2014 年）"远程植入式教学对'成片特困地区'学校发展的影响研究"数据，认为全日制远程教学大幅度提升了学生的综合素质，表现在：与城市名校学生成为同学，增强了远端学生的自信心；培养了良好的意志品质；提升了自主学习能力；养成了良好的学习习惯；掌握了良好的学习方法；教师、家长认为学生综合素质有了较大幅度提升。[1]

成绩取得的背后，科学的、精细化的"双师制"教学流程作用不可小觑。

一方面，信息技术放大了前端教师的"智慧圈"，让成都七中优秀教师的智慧影响面积突破固有模式：不禁锢在学校内、他所教的班级内的数十或数百平方米，不局限在名校集团学校、在一小时左右的车程范围内，而是直抵几百所远端学校，影响数万名学生。[2]

另一方面，"双师制"教学模式让"以学生为主体"的理念彻底融入了远端师生的日常教学。"成为让学生学得好的老师，恰恰是新一轮课程改革中教师角色的主要定位。"程远友认为，"双师制"教学不仅没让教师的角色弱化，反而重塑了教师的定位。直播教学让康定中学构建了新课程理念下的课堂模式，他称之为"学本位课堂"。"学本位课堂"上，教师是学习情况的掌握者、学习动力的激发者、学习活动的组织者、学习课堂的巡检者、学习过程的指导者、学习关键的点拨者、学习疑难的辅导者、学习水平的诊断者、学习结果的评价者、学习优化的促进者。

---

[1]　张杰夫. 全日制远程教学研究 [M]. 北京：北京师范大学出版社，2018：122.
[2]　张杰夫. 全日制远程教学研究 [M]. 北京：北京师范大学出版社，2018：4.

　　甘洛中学的沈娟老师感慨，原来只看重课堂效果，只关注学生课堂上听懂没有。为了让每位学生听懂，花大量时间讲练习题，重复低效。第一次接直播班的教学，最开始满腹牢骚，觉得七中老师课讲得快，内容也多，题讲得少。到了高三，才明白七中老师的良苦用心，逼着学生自学，梳理不会的知识点，善于利用答案，独立整理不会做的题，这时才真正理解"授之以渔"的价值。"让学生成为学习的主体，这并不是一句空话、套话，只有学生认真总结过、理解过，这些知识点才能从老师的真正内化为学生自己的。"她说。

第三节　创新师培模式：低成本、常态化的云端"师徒制"

一、"平行班教学"制——变"输血"为"造血"

　　"2003年，它（七中网校）影响了作为学生的我，8年以后，它更影响了作为教师的我。"2003年，张瑜是一名远端学校的学生，她以10分之差无缘直播班，当时她的心情非常沮丧，以为就此与"全校最优秀的老师、最优秀的学生"擦肩而过。开学时才发现，她就读的班级科任老师都是担任网班教学的老师。"虽然不在网班却也享受着网班资源，受着网班思想的冲击。"张瑜欣喜不已。

　　当时网络还不像现在这样发达，同学们不能在普通教室接受教学，需要到专门的"微机房"，每位同学一台电脑，戴上耳机听课。作为一名网校非网班学生，这样的教学让张瑜好奇向往。她还记得当时和网班同学聊天时，同学告诉她："直播老师说他们班的学生如果再不努力就只能去上对面的川大。"在那个对大学知之甚少的年龄段，张瑜不由得对这个"网校"心生崇拜，毕竟川大这样的学校在她就读的高中几年也没听说有一个人考上。从同学口中听到的种种消息，更是让她对网校充满了憧憬和向往。"那时，我们能从网班同学身上看到那种不由自主产生的优越感，而这种优越感我觉得是源于网校让这些同学看到了更多其他学生没有看到的未来。"张瑜说，"网校带给我们这些远端学生更多的是思想上的冲击，一种对更多可能的感慨，一种对更广阔世界的向往。"带着这种向往和憧憬，那时的张瑜树立了自己的信念：要更努力看到更多可能。

远端直播班教师除了教授一个远程教学班，还同时担任一个平行班（非直播班）的教学工作，这在七中网校是一项制度。亢文芳介绍，其目的就是让教师"学以致用"，将直播班中刚学到的知识、方法应用于实践，加速直播班教学的专业成长，实现远端学校内涵式发展，从外部"输血"到自我"造血"转变。

"边远地区、民族地区的教育急需改变的现状是什么？首先是师资短缺，是优生流失，是理念落后，是资源缺乏，其次才是硬件提升。"易国栋认为，师资队伍专业化程度不高严重制约边远地区、民族地区教育发展。加强师资培训，提升教师的专业素养，是教育落后地区的当务之急。

一位位于边远、民族地区的远端教师这样描述他们的教育现状："教研能力低、流于形式，是我们不得不承认的教学弱势。在边远地区，由于自上而下的教育理念问题，教研一直得不到重视，或者上面重视下面敷衍。在这样的氛围下，老师对于学科教学钻研更多的是停留在个人、偶尔的层面上，很难形成适合本校的优势教学资源。""新教师是教育的新鲜血液，是最容易接受新教育理念的受众，也是学校教学改革的中坚力量，但在边远学校教师数量不够是普遍存在的问题，工作负荷高、培训时间短、培训形式单一使得这些学校的年轻教师成长困难，并逐渐进入恶性循环的怪圈。"

然而，常规的教学培训无法满足边远、民族地区教师成长的需要。

罗清红在成都七中工作 22 年，其中 13 年都倾注在直播教学的实践和探索中。通过远程直播教学，罗清红得以看到成都七中其他未参与直播教学的老师不易看到的教育众生：成都周边、西南边陲、藏区老区、西北大漠，各地学生和教师的状态尽收眼底，这极大地拓展了他的教育视野。

他分析，教师培训的常规之法无外乎把人"请进来、走出去"。请进外地的优秀教师、专家或学者，通过他们一两次示范课或讲座，带来一些理念，触发本地教师的一些感悟，进而可能让其产生亲自实践的冲动。当这群教师撸起袖子准备加油干之时，发现原来理念与现实还有不小的差距。

此时，他们最渴望专家指点迷津，于是回头望去，却只见学者们带着自信的满足早已远离……既然优秀的专家学者留不住，何不追随他们的足迹走出去？于是按计划有步骤地安排教师们翻山越岭，即使大雪封山，即使绕道行驶半个月，也为"西天取经"，走到教育发达的大城市，到优质教育的学校去听一两节课，然后又马不停蹄费尽周折地回到自己的学校。走出去，不仅花费了大把的金钱，更"伤不起"的是花去了大量的时间，这段时间，学校里的孩子们如何学习？

"我们希望创造一种低成本、常态化的师训模式，打造边远、民族地区学校'自我造血'的机制，实现薄弱地区教育的跨越式发展，实现教育质量的大面积提高。"罗清红说，直播教学让这种方式成为可能。

二、"隐性知识"——成为优秀教师的关键

每学期开学，远端老师都会收到一份七中老师的学期计划，具体到每天每节课的内容。生物老师沈娟看到这份计划的第一反应是"操作性不强"。

没想到一学期下来，基本都是按这个计划走。每次上课前，沈娟都会收到前端老师的课前 PPT（课件），对每节课的时间安排得都很精确，这些细微之处，让沈娟看到了七中老师的专业素养。课堂内容的合理安排，课堂知识的精准把握，课外知识的扩展，高质量的生物试题，让沈娟明白生物课最核心的还是回归教材，吃透教材的文字、图、课后题、旁栏信息等。七中的题做多了，沈娟对出试卷也有了一些心得。

2013 年，沈娟担任甘洛中学第一届网班的班主任和生物老师，经过 6 年跟随七中老师"做中学"，她从一名年轻教师，成长为学校的生物学科组长。在她的带领下，生物学科成为甘洛中学的优势学科。"6 年里，我系统地听了成都七中徐琛、沈晶晶、王婷、夏华刚四位老师的生物直播课，徐老师的生物情怀，沈老师严谨的逻辑思维，王老师活跃的课堂氛围，夏老师整合的大容量课堂，都给我留下了很深的印象。他们向我展现了一名优秀教师应该有的专业素养和教育情怀。"沈娟说。

云南省宜良县第二中学英语教师朱家宏 2007 年参加工作，2012 年第一

次担任远端直播教师，获得了成长的"加速度"。他感慨："在跟随成都七中直播教学前，虽然在新课改培训会上多次听专家说过要大胆地对英语教材进行整合与取舍，听时特别激动，心想回到学校后将对'老、偏、旧'等过时的教材内容进行整合与取舍。然而，当重新回到学校，看着同备课组那些经验丰富的老教师没有一个删减教材，都是将就着教材教，作为青年教师，自己也就不敢有任何行动。每节课继续按照单元模块顺序上课，力争面面俱到，不敢漏一点儿内容。"跟随成都七中直播教学后，王春玲、谢朝富老师对英语教材的科学整合与取舍给他以很大的鼓舞，增强了他对教材整合与取舍的信心，坚定了他对教材进行整合与取舍的决心。

朱家宏以教材取舍为核心，在学校进行了一系列创新实践，获得较好反响。2016 年，他被宜良县教育局评为宜良县第八届高中英语学科带头人，2017 年，他被宜良县委县政府评为"宜良县第一届杰出人才"。

沈娟、朱家宏的经历，在远端教师中很有代表性。传统的教师培训体系，能够给他们理念上的引领，但从理念到每节课上的具体操作，这中间有着巨大的"鸿沟"。为什么直播教学环境下，这个"鸿沟"能够得到弥合？张杰夫用知识管理理论中的"隐性知识"概念做解释。①

根据学科教学知识理论，一名合格的教师，只拥有所教授学科的知识，以及教育学、教育心理学、学科教学论等方面的知识是远远不够的，还必须具有将自己拥有的上述知识转化成易于学生理解的表征形式的知识，这种知识被学界称为学科教学知识。科克伦（Cocharan，K. F.）认为："教师区别于生物学家、历史学家、作家和教育研究者，不在于他们掌握专业知识的质量和数量，而在于他们如何组织和使用知识。"科克伦等人还提出学科教学认知发展模型，展示学科教学知识就是教师不断整合学科知识、教学知识、学生知识、情境知识四种知识而形成学科教学知识的过程。②

知识管理理论则指出，教师学科教学知识属于隐性知识，这种知识在

① 张杰夫. 全日制远程教学研究［M］. 北京：北京师范大学出版社，2018：133.
② COCHRAN K F, DERUITER J A, KING R A. Pedagogical Content Knowing：An Integrative Model for Teacher Preparation［J］. Journal of Teacher Education，1993，44（4）：263—272.

一般环境下难以传播。隐性知识的概念由哲学家波兰尼（Polanyi，M.）在
1958 年出版的《个人知识》一书中首次提出。他认为："人类有两种知识。
人们通常所说的知识是用书面文字或地图、数学公式来表述的，这只是知
识的一种形式。还有一种知识是不能系统表述的，例如我们有关自己行为
的某种知识。如果我们将前一种知识称为显性知识的话，那么我们就可以
将后一种知识称为隐性知识。"① 隐性知识又称"缄默知识"，是人们在长期
的实践中积累获得的知识，与个体的体验和经验紧密相关，往往不易用语
言表达、传播和学习。

和学生学习过程一样，教师的学科教学知识是教学的另一个黑箱，这
种只有在真实情境中能够感知、不能言传的教学，是边远、民族地区教育
发展的另一个拦路虎。

有学者提出"灵魂拷问"："为什么教师学了教育学、心理学，还是不
会教书?"② 是教师不够努力吗? 未必。关键是缺乏隐性知识，缺乏优秀教
师所拥有的面对不同情境发挥创造性的知识基础。

张杰夫认为，学科教学知识属于个体知识，像教学特色、教学技巧、
绝活等，是教师拥有的最重要的知识，通常情况下很难获得。教学是一种
"即席创作"。全日制远程教学之所以对教师发展效果显著，在于它的三个
制度设计，为教师获得隐性知识创造了最佳途径：同时备课、"双师制"教
学和"平行班教学"制度，相当于请来了一位"师父"天天演示并教他们
如何教学。

远端教师在真实情境中学习、在行动中学习，在"平行班教学"中实
践，从七中优秀教师身上学到的高级思维过程、大量鲜活的隐性知识，不
到 24 小时，就可以应用到另一个班级的教学，并在学生的反馈中不断优化。

在《全日制远程教学研究》中，张杰夫用"边远、民族地区教师专业
发展的第三条道路"作为一节的标题，他写道："全日制远程教学将优秀教

① POLANYI M. The Study of Man [M]. London：Routledge & Kegan Paul，
1957：12.
② 陈向明. 实践性知识：教师专业发展的知识基础 [J]. 北京大学教育评论，
2003，1 (1)：106.

师智慧辐射到边远、民族地区学校，改变了教师专业成长的途径和模式，这相当于为这些地区教育提供了大规模的、长周期的、低成本的、高水平的教师在职培训。"

三、云端"师徒制"——缩短教师的成长周期

屏幕上的一堂课如何产生？以李晓东的英语课为例，备课组的老师轮流当中心发言人，提出一个初步方案，经过全体讨论，修补完善之后，形成学案、PPT，每个老师根据个人风格、班级特点，进行个性化备课。把关老师会不定期参加备课组会议，或者到直播教室听课，帮助授课教师优化课程。每周例行的前、远端同时备课，老师们拿到的已经是调整多次的、凝聚了七中备课组集体智慧的学案，其中包含所有课堂上要用到的素材。

备课理念本身也有"取法乎上"还是"取法乎下"的差别。成都七中备课的着眼点不是知识本身，而是学生的长远发展。

李晓东有个"不恰当"的比喻，传统教育理念下的教育注重"刷题"和考试，就像"称肥猪"，今天称一称，明天称一称，却从来没有考虑过怎么喂才是关键。从100斤养到300斤，光靠称不行，应该制订一个有步骤、分阶段实施的科学喂养计划。比如希望学生高三时能达到英语六级水平，就要制订词汇等计划，高一完成课标词汇3 500个，高二达到英语四级水平，高三达到六级水平水到渠成。

"只有高考就没有明天，成都七中学生最大的优势是后劲足。"李晓东说，成都七中尤其关注学生的思维拓展，整个高一、高二主要的精力都花在打基础、拓展知识面和思维能力上，学生会接触到时政新闻、TED（技术、娱乐、设计）演讲等大量课外素材；到了高三才侧重解题能力训练。

每一个直播老师背后，是一个强大的团队。在易国栋看来，七中教师最大的优势是善打"团体仗"："成都七中重视依靠中老年教师，激活中青年教师，扶持初任教师，高度重视'领航领军型名师'的培养，重视新分新进教师的'人格'培训，高度重视师徒结对的'传帮带'；建立名师后备人才库；设置学科教研室等工作。七中教师个体呈现出勤奋志远、包容大

气、身正学高、终身学习的特质；七中教师群体呈现出共同创造、共同分享、共同承担、善打"团体仗"的特征。"

对于李晓东所说的理念，成飞中学英语教师周玉兰深有体会。同在成都，但能听到成都七中课的机会，尤其是随堂课的机会很难得，周玉兰用"好奇得跟猫抓一样"来形容自己刚带直播班的心情。

课前看七中教师王春玲提供的课件，周玉兰觉得跟平时并无多大差别，课堂实际操作，看起来就是课件的演练，一段时间后，周玉兰慢慢悟出其中的门道了：

王春玲的教学非常体系化，她非常清楚最后要达到什么样的目标，这个目标不是一个大框：我的学生要达到多少分，而是我要培养学生什么样的文化素养，让他们在这个阶段学完掌握到什么样的技能，并且是要能知行合一的那种技能。在这个终极目标的指导下，老师分阶段地慢慢渗透，逐渐地，教学目标就达成了。最后学生做题的时候，不止知其然，也知其所以然。也就是说，在明确提出英语学科的核心素养之前，他们已经在培养学生的核心素养和文化素养了。这一点提醒我，教学不要急，要跟带自己的孩子一样，慢慢来，想清楚你最终想要一个什么样的结果，再由果倒推回去，你需要做什么，需要分几步走，怎么把目标细化，逐步落实。在这个过程中，再见招拆招，激发出孩子最佳的一面，最后达成我们都想要的结果。不能因为一时的压力，改变自己的初心。毕竟，学习是长跑，不是短跑。而且对于我们的学生，怎么激发他们的兴趣并且保持住这股热情，在最初比知识本身更重要。

这番体会，与李晓东的说法如出一辙。这说明两点，一是成都七中确实擅长团体作战，不管是李晓东还是王春玲，使用的教学方法、践行的教学理念基本一致；二是平常师培活动中，听一堂课基本难以抓住精髓，全日制远程直播教学的"双师协作教学""结对跟岗研修"，能实现"从隐性知识到隐性知识"的过程，让协作体成员学校教师逐渐领悟到本部优秀教师的"隐性知识"，并加以内化，形成自己个性化的"隐性知识"。

深受直播教学影响的老师还有很多。四川省冕宁中学教师邹杰说："我感到直播教学给我们远端带来的益处是无价的、难以衡量的。在享受七中优质教学资源，领略七中教师优秀的教学素质、扎实的专业功底、开阔的视野、灵活多样的教学方法、严谨敬业的精神以及高尚的人格魅力的同时，我能发现自身专业知识的局限并及时补充，也能更好地结合本班实际学情去布置和讲解切合实际的课后习题。在这样的循环往复中，我不仅在学科专业知识和教育教学技能方面有了巨大的提升，更对学生的学习实情有了更好的把握。"

不仅是教学安排，老师们对成为一个优秀教师的个人修养也有体会。乐山市马边彝族自治县中学高中英语教师邹光珍积极提升个人的学科素养，"跟着王春玲老师、郭蕾蕾老师的直播教学多年，我的英语专业教学素养有很大提升：英语口语准确流畅了许多，高中英语语法知识精深了许多，驾驭英语教材能力提升了很多。"邹光珍说，她甚至开始研究老师怎么变得幽默风趣，"个性的幽默部分来源于天赋，更多的则是源于后天的学习培养，它是建立在教师自身深厚文化底蕴基础上的升华。"

《这块屏幕可能改变命运》一文中写道："一位年轻的数学老师戏称，自己有好几个'人格'。为让学生没有违和感，当七中的直播老师严肃，他就严肃；下一届老师幽默，他就开朗些。"

和邹光珍一样，跟直播老师的时间长了，老师们都开始关注教师的个人风格，从模仿到形成自己的独特风格。

远端教师的专业成长，通常会经历四个阶段：模仿，逐渐加入自己的想法，在名校教师教学的基础上创造，逐渐形成自己的风格。张杰夫团队做过调查：对于这样一个成长过程，88.7%的普通高中教师表示赞成，而不赞成的仅有4.3%。

广西钦州市文实中学教师参加网络备课

广西崇左高级中学教师参加网上备课

美国约翰霍普金斯大学费斯勒（Fessler）提出教师专业发展要经历八个阶段：职前阶段、入职阶段、能力形成阶段、热心和成长阶段、职业生涯挫折阶段、稳定和停滞阶段、生涯低落阶段和生涯退出阶段。休伯曼（Huberman）总结前人研究成果，从教师职业生命自然老化的视角提出教师职业发展五阶段理论。①入职期，入职的第一年至第三年，是"求生和发现期"。②稳定期，工作后的第四年至第六年，逐渐适应工作，并能比较自如地驾驭课程教学，形成自己的教学风格。③实验和歧变期，工作后的第七年至第二十五年，一方面教师开始对自己及学校的各项工作大胆求新和力求改革；另一方面，单调乏味的教学轮回使教师产生职业倦怠。④平静和保守期，从教第二十六年至第三十三年。⑤退出教职期，时间是教师工作的第三十四年以后，教师职业生涯逐步步入终结的阶段。

张杰夫认为，国外一些专家关于教师发展周期的研究结论一般是在教师正常的发展情况下得出的。全日制远程教学创造的"在工作中学习，在学习中工作"的"师徒制"环境，有助于远端教师的专业发展，从而打破了休伯曼教师职业生涯周期理论，大大缩短了教师专业成长周期。①

罗清红有一个说法得到绝大部分远端教师的认同。他说："一般在个人比较努力的情况下，一位远端教师只要从高一到高三，跟着直播教学走过一轮（3年），了解了各种课型，就基本可以达到成都七中优秀教师标准。"

易国栋这样解释远端教师成长的过程："广大远端教师通过与七中教师同时备课，了解七中的教学安排，领会教学的重难点；通过同时上课，学习和掌握了最新的信息技术和教育理念，也默会了名校教师的职业规范和隐性知识，获得自身发展的最佳'营养'，这种协同教学的结对研修的方式，切合了'学中做，做中学'的学习理念。'双师协同'的师徒结对方式让远端薄弱学校教师的教学理念得到了快速更新，专业能力得到了快速提升。"

---

① 张杰夫. 全日制远程教学研究［M］. 北京：北京师范大学出版社，2018：171.

四、教育公平的第二道曙光：教师成功

2018 年 10 月，由四川省教育科学研究院主办的四川省高中英语课堂展示大赛在德阳市外国语学校举行。张瑜和七中本部教师谢朝富同台展示，最终张瑜与谢朝富同时获得四川省一等奖，并参加全国比赛遴选。张瑜成为"甘孜州高中学段英语学科获省级一等奖的第一人"。

15 年前，作为高中生的张瑜受益于网校，暗自树立信念：要更努力看到更多可能；15 年后，"那个来自大山深处贫困小地方的自己竟然与成都七中的老师一起，站在全省英语赛课的舞台上，成为甘孜州首个参加全国英语课例遴选的教师，让大家重新认识边远少数民族地区英语学科教学，甚至刮目相看。"张瑜回顾起这段经历，"至今都觉得缘分奇妙"。她动情地说：

成都七中的教育研讨会上，校长易国栋说，成都七中改变了一些孩子的命运，而七中更远大的目标是要帮助更多的远端老师成长，真正提高教育质量。听到这些话的那刻，我百感交集。成都七中用一个屏幕、一根网线影响了我的学生，也影响了我。感谢七中这块魔力屏幕，让当初初为教师的我有了正确的方向，七中从视野、理念上深深地影响着我，而且无论是在教学知识深度上还是教育管理上都为我树立了榜样。

张瑜的成长故事，是远端教师专业成长的一个缩影。全日制远程直播教学协作体内，成都七中作为前端学校全天候地向远端学校提供高效、高品质的专业帮扶，教育薄弱地区的教师不仅可以从成都七中获得最前沿的教育信息，更深远的影响在于视野、理念和作为教育工作者的一种态度的转变。通过参与远程直播教学，一大批远端学校教师快速成长起来，他们实现了从学生到教师、从合格到卓越、从跟跑到领航的转变。成都七中治学严谨、启迪有方、爱生育人的教学传统，潜移默化地浸润着广大远端教师，他们成长起来以后，又去影响当地更多年轻教师。其中，康定中学的程远友老师就是典型代表。

程远友接手直播班时，康定中学正面临信任危机，老师有疑惑，家长不理解，学生也存在恐慌。程远友看到成都七中老师的专业素养，坚信这是一条兴校之路，他把直播班老师团结起来，推动学校再造直播教学流程，让康定中学老师的教学教研水平有了整体提高。"你看，我们老师天天都在接受七中教师培训。我们到一些大学听几天课，总有云里雾里的感觉。但是，我们老师看成都七中老师怎么讲课，从第一堂课到高三全部听完，三年下来就成为骨干教师。听了七中老师讲课，再去教我们学校的孩子，水平就会井喷式提高。"程远友说。

经过 16 年的教学与管理实践，程远友现在已成长为国家"万人计划"教学名师、全国先进教育工作者、享受国务院特殊津贴专家、四川省学术和技术带头人。获得诸多学术荣誉之后，程老师并没有离开培养他的康定中学，并没有远离直播教学，如今，他作为四川省名师工作室"程远友名师工作室"的领衔人，带领工作室成员开展"边远、民族地区高中远程直播教学模式下学生核心素养培育的实践研究"，带领更多教师参与直播教学，成为当地的"领头雁"，引领更多教师快速成长。

网校不仅培养直播班的教师，还使这些教师成为一粒粒种子，散播在各个学校，推动学校再造教研文化流程，帮助非直播班教师同步提升育人水平。南部县建兴中学教导处主任何正伟介绍："农村学校的教研活动很乱。我校原来的教研活动就是两周一次，形式是组长布置任务，教员完成任务，考试完后总体分析一下就完事。自从直播开始，七中的学期计划、单科计划、每周计划，备课组组建，周总结、月总结等得到落实。特别是我们的备课得到很好的落实。同年级同学科老师必须与直播班老师一起参加直播备课，集体形成二次备课，创造性地形成'建中本土教研教案'，然后在全年级推行。"

网校影响的教师到底有多少？一组数字比较直观。

全日制远程直播教学自 2002 正式启动以来，每天与成都七中教师异地协作教学的远端教师从最初的 25 名到现在的 10 省 2 区 1 市的 8 925 名。

2002—2019 年，成都七中通过全日制远程直播教学累计给远端学校直播了 60 000 余节同时课堂教学，5 000 余节同时备课，提供了 60 000 余套同时作业资料，15 000 余套同时测试的资料。

2002—2019 年，累计 20 000 余人次远端教师现场参与成都七中的各种形式的各类专题研讨与交流，更好地理解了成都七中的教育教学理念、教学设计与教学技巧，通过探讨教育教学热点话题，碰撞教育智慧，汲取学术营养，得到快速成长。

2002—2019 年，累计有 50 000 余人次远端教师与成都七中教师结成了一届三年的稳定的"师徒"关系，不离校、不离岗全程参与成都七中的教学教研和协同教学。如今，许多远端教师已成为当地名师，他们又去影响更多当地教师，服务当地学生，助推当地学校、教育发展。随着全日制远程直播教学开展时间的推移，加之直播教学覆盖地域的扩大，由于直播班而快速成长起来的教师犹如星星之火，已呈燎原之势。这些在当地成长起来，并且继续服务于当地的优秀教师，是边远、民族地区实现教育公平的第二道曙光。

第四节　七中文化的复刻：有归属感的精神家园

一、特色学生活动：人文滋养　个性成长

网校不仅仅是一块屏幕，学生有"留学七中"（远端优秀学生轮流到七中本部跟班学习一周）等机会可以真正走进成都七中校园，感受这里的文化气息。在这里，他们发现了七中学生丰富多彩的课外活动，他们有社团、竞赛等各种平台，发展兴趣特长，实现个性成长。

从甘肃嘉峪关二中考入北京大学的网班学生郑婷，到了大学，发现七中对她影响最大的除了学业，还有个人成长。

网校提供的与七中接触的机会，更是让我们提前感受了类似于大学尤其以社团闻名的北大的气息。有幸亲赴七中交流学习，不仅仅是沉醉于美景，更是震撼于七中学子的自主与热情。学习之余的社团活动，已经不

是老师领导下的小打小闹，而是自己组织的具有一定规模和纪律的学生活动。他们的创新，他们敢于把奇思妙想落实的勇气，都让我们深深地折服。得益于七中的启发，我的母校也开始组织类似的学生团体活动以丰富大家的课余生活；在我看来，这是七中对我校除学业外的又一大影响。

从重庆綦江中学考入西安交通大学的网班学生赵久霞，认为七中培养的综合能力，让她到了大学如鱼得水。在网校征文中她写道：

在高中时候，对七中网校也是充满着感谢的。然而，那种感受却不及现在的十分之一。高中岁月，七中网校能够带给我的，是高强度的学习，是扎实的基础，是挺不错的分数，是在高考中较为理想的成绩；上了大学，常常嘲笑自己当初意识之浅薄。七中网校带给我最重要的，是综合素质的提高——分数只是其中极为微小的一部分罢了。

大学生活，多有精彩纷呈之活动。一些人举办活动如鱼得水，很多人却只能面面相觑。感谢七中网校的培育，让我能够有幸成为前者。这种感觉在刚进大学时学生会的启动大会上就得到了很好的体验。依稀记得大会需要表演话剧，然而急缺演员。我在以前的语文活动课上曾扮演《项链》的女主角，有过一定的演出经验，就毅然决然地参加了表演。当然，最后我们的节目成了当时演出的节目之最。显然，这只是其中很小的一个例子。尽管我才上了一年的大学，这样的例子也是很多的。现在回想，也正是高中时候的厚积，让自己现在能够薄发，能够在社团生活中游刃有余，能够当选三个社团或组织的部长。谢谢七中网校！

社团只是成都七中学校文化的冰山一角，成都七中有大量的学生活动，锻炼学生的综合素养。易国栋给七中学生画了一个像：一个七中学生高中三年，要选读学校推荐的 30 本名著，参加一个学生社团，完成一项研究性学习，做一次学生干部，策划一次班会，完成一次演讲，参加一次英语诵读比赛，做一次微报告，完成两个学校推荐的校本实验，学习两门选修课，掌握外事礼仪和理财常识，完成两次社会实践，学会排球和游泳，爱好一门艺术，参加创客活动，独自或者合作完成一件 STEAM（科学、技术、工程、艺术、数学多领域融合的综合教育）学习的作品。

这些学生活动以责任意识和创新实践能力为重点，全面提升学生的综合素质和核心素养，培养学生的综合领导力。学生在这些平台上大放光彩，因此，流传其中的校园名言，不仅有"七中没有超人，只有超人般的意志""选择七中，就选择了一条艰苦奋斗的成功之路"，还有"你有多大能耐，七中给你多大舞台"。

学生活动作为学校文化的一部分，在不少远端学校得到复制。巴中三中在学校开设了文学、广播、演讲与口才等 20 多个社团。（见下表）

社团名称	社团宗旨	辅导员	社长（学生）
爱心蚂蚁志愿者服务队	我服务，我收获，我快乐	李 爽	邓怡君
疏桐文学社	用"清露"的心，书写灵魂的诗意和远方	杨怀刚	赵 韬
律动之声广播社	聆听心间，传递温暖	王红梅	张智扬
墨韵书法社	挥毫醮墨香，慷慨写人生	何 俊	彭金城
剪纸社	传承文化，剪出诗意	张 鑫	吴瑜林
上善二胡社	巴山出胡音，潇洒拉大德	杨昌平	岳 娇
"爱生活"协会	做会生活的幸福人	张 杨	吕小燕
"演讲与口才"·春雨社团	张口见智慧，投足显素养	谢玉英	冯韵任
国学与经典	诵国学经典，做智慧达人	罗晓靖	金子开
文明与礼仪	秀外慧中，温文尔雅	李付芹	吴 维
舒窈汉服社	窈窕时尚女，清水出巴山	罗晓燕	彭诗译
连线亲情爱心小屋	大手牵小手，爱心伴着行	杨如华	戴 敏
阳光心灵社	让一米阳光，投射青春的心房	赵丽君	李 明
骆驼羽毛球社	跳跃和欢乐，让青春的羽翼更丰满	米 毅	张宏程
足球社	足下生风，脚下有路	张 灯	李志豪
篮球社	我参与，我运动，我追求	雷 勇	冯 成

续表

社团名称	社团宗旨	辅导员	社长（学生）
Ct 爵士舞社团	舞动生活，舞动青春，舞出精彩	张天娇	熊心怡
雅姿拉丁舞蹈社	翩翩起舞，摇曳生姿	张天娇	苟相锦
梦中雨露古筝社	悠扬古韵，铮铮情怀	鲜小平	白婉潼
飞扬吉他社	飞扬的音符和旋律，让我心翱翔	王蕊蕊	李家驹
民族舞蹈社	翩翩舞新韵，灼灼出芙蓉	李墨	蔡爽

进入 20 世纪 80 年代后，成都七中人根据"合目的性"和"合规律性"原则，先后提出"三体"（着眼整体发展，立足个体成才，充分发挥学生的主体作用）的教育思想，"以人为本，重在发展"的教育理念，"人文滋养，个性成长"的育人价值追求，"全球视野，中国脊梁"的育人目标，在课堂和学生活动两个阵地得到落实，成为远端师生的自觉追求。

二、教师精神：启迪有方　模范群伦

教师，是学校文化鲜活的载体。七中教师对"启迪有方"的"课堂"有十分虔诚而执着的追求。对于七中老师来说，"教师最大的师德是上好课"。从 2002 年开始直播教学，成都七中将学校管理和一批批教师放在聚光灯下，每一堂课都是面向众多学校的公开课和示范课。每天出现在屏幕里的七中授课教师成为声名远播的"网红老师"，他们常常在校园里被来自远端的师生包围，经常收到来自远端师生的祝福，在外出工作和旅游中也常有与远端师生的偶遇并得到超乎寻常的礼遇，这使授课教师比以往更充分地享受职业的荣誉感和满足感，更加看重自己的本职工作，从而促进教育教学的精细化和规范化，促进自己的专业成长。

成都七中教师"输出即输入"，在远程直播教学中快速成长。

1. 授课教师成为全国名师。成都七中数学教师夏雪接手直播班时，刚休完产假。这个各学科"大佬"才有能力承担的直播教学，对她而言是挑战，也是成长的机会。对于学生来说，"选择七中，就选择了一条艰苦奋斗的成功之路"。对于她来说，"选择网班教学，也就选择了一条艰辛付出的成功之路"。在她三届网班的教学经历中，在把关教师和教研组同事的帮助下，她经历了积累模仿、形成风格、快速提升的过程，实现了教师专业能力的突破，先后获得成都市五一劳动奖章、四川省五一劳动奖章，全国名校名师课堂教学展示一等奖、四川省第五届中小学青年教师教学竞赛一等奖第一名、第二届全国中小学青年教师教学竞赛高中数学组一等奖第一名、成都市百万教职工技能大赛一等奖第一名等荣誉。

成都七中数学教师　夏雪

2. 把关教师成为教育专家。教师在万人课堂的实践、观察和研究中，找到了实现教育理想的广阔天地。罗清红是成都市学科带头人、中学正高级教师、成都市首届未来教育家培养对象、四川省十大杰出青年、四川省特级教师、四川省青年联合会委员、中国物理教学委员会委员，现任成都市教育科学研究院院长。他的成长之路始于成都七中远程直播教学。

1993 年，罗清红从四川师范大学毕业后进入成都七中工作，师从特级教师龚廉光先生。2002 年，成都七中开始远程直播教学后，罗清红为第一届直播班的物理教师。2006 年后，他走上行政领导岗位，一步步成为成都七中分管教学的副校长。2015 年，他调任成都市教科院院长。

在罗清红从教师到院长的成长道路上，远程直播教学扮演了重要角色。

成都市教育科学研究院院长　罗清红

首先，直播教学加快了他的成长速度。成都七中远程直播教学启动后，罗清红主动承担直播班物理教学工作。每一节课都相当于是公开课，虽然压力巨大，但他主动将自己置于聚光灯下，专业自觉的同时，加上有众多远端学校、教师的"督促"，他的成长速度明显快于其他教师。直播教学期间，他被破格评为中学高级教师，获评四川省十大杰出青年。他很快从一名普通教师，成长为成都七中的骨干教师、副校长。

其次，直播教学提升了他的认识高度。成都七中远程直播教学开始于四川省民族地区教育振兴十年规划的大背景中，诞生之日起就承担了辐射优质教育资源、助力教育均衡的崇高使命。承担直播教学后，罗清红不仅要关注成都七中直播教学班的几十个孩子，更要关注远端成千上万个孩子，他的课堂成为万人课堂，形成了他崇高的教育情怀。他调离成都七中后，在努力提升成都教育科研水平的同时，也一直心系薄弱地区的教育。他发起的成都市微师培项目，旨在通过网络培训提升广大青年教师特别是成都市二三圈层的青年教师的专业素养。他创办的成都市数字学校，意在为成都中小学生免费提供线上课后辅导。

直播教学拓展了他的眼界视野。同时，在承担直播教学及分管网校后，罗清红从单纯的物理教学转而开始思考技术与教育的深度融合，开始思考教育管理，这为他日后的教育科研和管理工作奠定了坚实的基础。

3. 高峰成就高原。通过直播教学快速成长起来的授课教师、把关教师，又以高度的责任感、博大的胸怀带领着备课组、教研组成员勇攀教育高峰，成就学术高原。成都七中外语教研组组长刘钰老师就是这样一个典型代表。

成都七中外语教研组教师合影

刘钰老师 25 年前来到成都七中，几年后走上了成都七中远程直播教学的岗位。在这万众瞩目、众星捧月的舞台上，把关教师严格把关、精益求精。正是在这样的"夹磨"历练的环境下，刘钰老师不断改进教学方法，更新个人教育理念，创新教学模式，极大提高了个人教学水平，成了成都七中的明星教师。上网络直播班是刘钰老师成长最快的阶段，因为经历了网班教师的高标准、严要求，刘钰老师迅速从众多青年骨干中脱颖而出，成了专家型的教师。

时至今日，刘钰老师已是成都七中林荫校区外语教研组组长，成都七中英语教研室主任，成都市学科带头人，成都市未来教育家培养对象，一位既可以在全国英语教学最高学术期刊《中小学外语教学》上发表数篇论文，亦可在全国高端学术会议上传播七中教育理念的学术大咖。刘钰老师把这种"高标准、严要求"的工作准则和工作作风带到了教研组建设中，使成都七中外语教研组成了崇尚学术、兼容并包、与时俱进的创新型教研组。刘钰老师带领外语教研组在国际理解课程开发、小说阅读及报刊阅读教学、课程资源整合方面深入研究，成绩卓著，并进一步通过网校辐射 10 省 2 区 1 市的 301 所学校，让成千上万的老师更新了教育理念，提升了教学效益。

为进一步承担使命，让优质教育辐射更多的地区，刘钰老师带领外语教研组骨干教师开启了"教育信息化助力民族地区英语教育发展的探索与研究"课题研究。项目组先后赴康定中学、广西平果县高级中学、阿坝州小金中学、泸定中学、南部中学、仪陇中学等民族地区、边远地区学校开展实地调查研究，与当地英语教师进行深入的交流和访谈。刘钰老师及直播教学英语教师精心准备了与英语学科素养、课程设计、个性化教学、直播教学本土化等核心问题相关的学术讲座，助力民族地区英语教师团队提高专业素养。

前端教师追求卓越的精神，不仅保证了直播课程的高水准，也带动了远端师生不断突破局限，做更好的自己。

三、教学服务机制——无损七中　强者自强

全日制开放是对学校的重大考验，因为它所对应的不是打磨几堂课用以展示，而是对日常常规教学，从课前、课中和课后的全天候、全过程、全方位的开放，全面接受同行和学生的审视，"模范"者，非一时之善，而

在于每一个细节，是对真功夫的大考。

信息技术打开了成都七中的围墙，让薄弱地区学校教师和学生"走进"成都七中；借助信息化手段，成都七中办成了"全日制开放学校"，无损地放大优质教育资源，实现教育的精准扶贫，从而切实推进教育均衡和教育公平。

更为可贵的是，网校找到了一条"无损七中"的协作机制。

七中网校设计了"课堂教学服务""异地同堂管理""技术支持服务""学校管理服务""学生主题服务""文化共建服务"等多个专题服务板块，服务内容渗透到远端学校教务教学、信息技术、品德教育等多个方面。网校组建了专业的教学服务队伍，上百名现场教学服务人员长期赴远端学校现场诊断辅导，通过"培训、研讨、赴校、报告、励志、游学"等形式对远端学校进行不间断服务，帮助远端学校的教师适应直播教学，帮助他们掌握课前预习，与他们共研课中配合方法，探求课后的个性化辅导方式，并从学法指导、习惯培养、心理疏导、立志成才等方面协助远端教师开展学生的教育工作，让成都七中优秀的育人文化在远端学校落地生根，形成"文化共同体"。

同时，七中网校设计了全日制远程教学管理模式，为远端学校提供多类别、多维度、多数据的直播教学运营报告，帮助远端学校和教师发挥主体作用，实行自主管理、自我提升。

学校服务案例：

2016年，四川省兴文县第二中学开办了第一个理科直播班。我第一次去该学校是2017年2月21日，那时该班已经开展直播教学1个学期了。在进班听课、学生问卷调查、教师一对一交流后，我发现该班学生整体适应情况良好，比我之前去到的其他大部分远端学校情况都要好，但是学生的习惯细节、教师的课中配合仍然存在问题，而这些问题将在高二后期直至高三成为学生能力及分数由量变到质变的重大障碍，于是我通过班会课和学生进行了以"如何更好地在直播教学模式下学习"为主题的交流，并且和学科老师进行了一对一交流。还记得，那个时候语文王老师和英语张老师最为焦虑和不安，在直播教学模式下，语言学科的教师协作配合与学生的有效学习都不容易。我耐心和两位老师沟通，并且寻找其他学校教师配合的案例，积极搭建其与前端老师的交流平台，鼓励两位老师放下心来坚定方向与目标，持之以恒，定能获得成效。最后，我还邀请校领导组织直播班教师一起开展座谈交流，将该班学生存在的问题结合问卷数据一并呈现给所有老师，共同探讨解决办法。此后，我又两度走进兴文二中，让我记忆深刻的是，张老师对直播班37名学生的精细化管理相当到位。在2019届毕业之前，我们都保持联系。我尽自己所能及时为学校解决当下的问题，也时时刻刻关注这个班的情况。终于，在2019年高考成绩放榜的当天晚上迎来了喜讯：该班本科上线率100%，裸分600分以上20人，630分以上12人，650分以上3人！当年和我交流时略显腼腆但上课时眼神坚定的赵同学以总分718分的成绩被清华大学录取！（罗莹）

学生服务案例：

四川省资阳市乐至县吴仲良中学2014届网班毕业生李锦刚入校时，虽然在整个网校范围内不算最突出，但在其所处的县城，能排到全县20名范围内。高一第一学期，全英文的课堂和高速度的课堂节奏让李锦十分不适应。这时，我们第一次走进他们学校，我结合新生适应期的问题，将成都七中"不预习不进课堂"的理念植入李锦的心里，让他先通过自主预习去提升课堂效率，告诉他，要"响应"前端课堂，成为课堂的主人而不是旁观者。

李锦很踏实并且有悟性，逐渐掌握了直播教学模式下学习的方式与节奏，成绩有了阶段性突破。

但到了高二上学期，李锦的成绩出现了一些波动，心态也因此又一次起伏。高二，被称为高中学习过程中的"极点"，学生容易出现疲态。我通过成绩分析和电话跟踪，了解了李锦以及和他同样层次学生的一些近况，组织了"留学"交流活动。李锦和其他11名远端生再次来到成都七中，通过与前端教师面对面座谈、与实验班学生对话交流，同步参与成都七中高二年级立志成才系列活动，重新审视自己。返校后，李锦发来信息：再次来到成都七中，就像跳入了一泓清泉，给蒙尘的心洗了个澡，我想明白了，一次考试成败不重要，重要的是透过考试发现问题并总结方法。从七中回来，我重拾信心。

李锦的成绩自此逐渐趋于稳定。在高二暑假的"立志夏令营"活动中，李锦和其他52名优秀学生到了北京，通过实地走进国内重点知名高校、国内外知名企业及各处具有历史人文背景的地点，在行走中打开视野，历练思考；在观察世界的变化中锻造思维，审视自我；在榜样的引领下坚定奋斗方向，志存高远。

李锦作为学生小组的组长，在活动过程中起到了很好的带头作用。李锦返校后还发来感言：9天的行走，给了我太多的东西，升国旗的神圣感，攀登长城的豪气，清华园和未名湖的晨曦与晚霞，故宫的奇珍异宝。北京，我一定要来的，我要在你的怀抱里成长为顶天立地的栋梁。

对他的关注从未停止，我们在QQ上保持联系。2014年夏天，李锦实现了夏令营时许下的愿望："北京，我一定要来的，我要在你的怀抱里成长为顶天立地的栋梁。"他以高考裸分670分，资阳市理科第一名、四川省理科第27名的好成绩被清华大学电气工程专业录取。

2014年毕业至今，已经过去了6年，每一年春节，我都会收到李锦的微信，他叫我小溪姐，祝我节日快乐。我们像姐弟，也像朋友一样，再聊聊彼此的近况。我从不敢妄称是他的老师，因为在他成长的过程中，成都七中前端班的老师和乐至吴仲良中学他本班的老师，才是真正陪伴他成长的师者，我只是因为七中网校给了我这个机会，有幸成了他和七中之间的一座桥梁而已。（刘小溪）

全日制远程教学采用"政府＋学校＋企业"的合作运营模式，即政府主导、名校输出优质教育资源、企业提供服务与市场化运作的模式。张杰夫认为，这种工作机制有利于发挥合作各方的优势，调动大家的积极性，尤其是企业的深层次介入，既让政府促进教育公平、实现教育均衡化发展的战略目标得以落实，有效减轻了政府在投入和管理方面的压力，同时又在充分保证名校教学工作正常开展的情况下，有效扩大了名校优质教育资源的覆盖面，让更多百姓受益。①

　　作为办学思想、教学理念、教学资源、教学管理和学校文化输出的策源地，成都七中负责全日制远程教学日常的教学、教务和教研任务，并肩负着不断优化全日制远程教学管理和提升教育教学水平的重任。远程直播教学对学校的管理工作提出了更高的要求，从课表排定到教学资料的超前准备，从教学年历的制订到教学计划的设计，从教师的代课、换课到教案的提前提供，每一次的不规范或者调整都会带来几百所学校的混乱，形成几百倍的连锁反应，远端学校的存在就像几千个教师在用显微镜审视成都七中的一言一行，包括教育理念，学校文化建设，教学、教学管理，教师队伍建设等方面，这就迫使成都七中不断地提升自己，追求卓越。在这种压力和动力的转化中，成都七中迈上了一个又一个的台阶，变得更高更强了。直播教学开展以来，从成都七中输送出去的成都市中学校长就有 20 多个，撑起了四川省优质教学的一片天。

四、教育公平的第三道曙光——"文化贫困"突围

　　"文化的进步是学生成长、教师进步和学校发展的根本。"张杰夫在《全日制远程教学研究》中提出这一观点，他写道：

　　"长期以来，边远、民族地区教育处于落后状态，与这些地区存在着文化贫困现象有着直接的关系。所谓文化贫困是指长期生活在贫困中的人，会形成一套特定的生活方式、行为规范、价值观念体系等，如强烈的宿命感、无助感、自卑感以及视野狭窄等，这将牵制他们的思想、禁锢他们的手脚，使之陷入麻木僵滞的精神状态，驻足贫穷荒野而难以跨越。著名反贫困理论专家、诺贝尔经济学奖获得者缪尔达尔认为：'不发达国家民众巨大的贫困至少部分是由他们的宿命论、他们的麻木和他们对于改变观念和制度、推广现代技术、改善卫生条件等努力的冷漠。'文化贫困表面看是经济问题，但从深层意义看，是教育贫困，这是一种比经济贫困更深重、更

---

① 　张杰夫. 全日制远程教学研究［M］. 北京：北京师范大学出版社，2018：81.

难以摆脱的贫困，常规方法难以突破。边远、民族地区教育要想摆脱落后状况，就要从文化上进行突破。

全日制远程教学的突出作用，就是突破了'文化贫困'的束缚，通过'拟态环境'将城市学生学习、生活中的现代文化引入边远、民族地区，使城市名校文化与远端学校形成了一种'血脉相连、血气相通'的关系。"①

屏幕上，成都七中学生的"课前三分钟分享""课间十分钟"，成都七中与远端学校共同举办的主题活动、文体活动，以及远端学校在七中文化影响下开展的各种社团、竞赛活动，促进了城乡、民族间的跨文化交流，重塑了他们的价值观和情感世界。

调查显示，参加前端学校学生活动的78.5%的学生表示，参加前端学校学生活动可以让自己了解到城市同学所关注的国家大事、社会热点，从而增长了知识、开阔了视野；52.3%的学生认为，这些活动可以让自己接触城市主流文化，增强了对国家的认同感；39.3%的学生认为，这些活动加深了不同民族同学之间的情感。

这块屏幕改变了什么？我们收集到一些答案。

网课是一个很有利的资源，至少在我看来，它不仅仅在高中阶段对成绩的提高有一定的助益，或许其中的某句话、某件事会改变你一生的轨迹。如果能充分利用好这一资源，我相信，对我们这些不甚发达地区的孩子来说，未来的路一定会更加宽阔。

（四川省康定中学2013届学生李山，后考入浙江大学）

网校是一个神奇的平台，一方屏幕连接着前端和我们。初中开始，我就加入了网校的大家庭。从最初的羡慕、崇拜远端同学，到后来慢慢感到亲近，我不仅提升了自己，更是经历了自己认知的变化，变得敢想、敢拼、敢挑战、敢坚持。感谢网校给我的这个改变的机会。

（四川省金堂淮口中学高2017届七中网班学生代雯）

---

① 张杰夫. 全日制远程教学研究 ［M］. 北京：北京师范大学出版社，2018：192.

　　网校带给我的体会如此真切、如此深刻。不仅仅是学业上，思想上也有了很大的改变。它让我从一个什么都不敢想的人，变得开始向往外面的世界，开始憧憬更广阔的未来，有了怀揣梦想的勇气，并愿意为之付出努力。同时，它也让我真正相信一个词：天道酬勤。

　　　　　　（四川省宣汉南坝中学2018届学生李海霞，现就读于清华大学）

　　如果不是就读于网络班的话，我可能就会选择川内的学校，度过之前设定好的"平淡人生"，我也不会坚持写作的习惯。另外，因为有幸聆听过成都七中优秀的课程，进入大学后，我并没有那种"来自小县城"的自卑感。因为我虽然来自县城的高中，也没有丰富多彩的高中生活，但我内心觉得"我享受了和七中相似的教育"，网校班给予了我一定成都的名校归属感，这份归属感让我能够更加自信地在大学生活中展示自我、尝试新事物。

　　　　　　（四川省新津中学第二届网络班学生彭高，后考入中山大学）

　　成年之后，我逐渐明白，每个人都有自己的极限，有些人终其一生也达不到别人轻轻松松就能达到的成就，这其中有着多方面的原因。但是从高中到大学，再到现在的职场女性，我一直在追求做更好的自己。"要比自己更优秀"，这就是七中网校让我领会的意义。

　　（四川省仁寿中学网络班学生吴玉莲，后考入四川农业大学，现就职于重庆航空公司）

　　改变的不仅是学生，还有教师：

　　就是在王老（王春玲）的这种教学理念和教学模式影响下，我开始琢磨该怎么结合自己的性格特征去上好课，引导我的学生去达成我们想要的目标。就这样，抱着挑战一下试试看的心态，我参加了树德集团的赛课，很荣幸，第一次参赛就获得了课堂教学一等奖。

　　　　　　　　　　　　　　　　　　（四川省成飞中学教师周玉兰）

　　七中对我的影响是巨大的，我从直播教学中的受益，远不止学科知识，于我而言，更深远的影响在于视野、理念和作为教育工作者的一种态度的转变。七中作为教坛楷模，我们无法望其项背。但是它并不是一个高不可攀的巨人，它博爱、无私、热心。有这样的巨人相助，我们才能看得更多、看得更远。直播教学，就是一个"前端拉，远端推"的过程，相信全力合作，我们可以借着巨人的肩膀，走向更高更远。

（四川省泸定中学教师张瑜）

很多学生、学生家长告诉我，他们的亲戚朋友都想上网班，特别是我当班主任的网班，听到这些话我发自内心地成就感爆棚。有人说老师就是一个铁饭碗，只要不出大问题，一辈子不愁吃不愁穿。但是感受了李兰老师一切为了学生的这种拼搏精神，我发自内心地觉得他们说的是错的，我也因为看到有这么一批优秀的七中老师，我对自己的教育生涯有了新的看法。我在心底告诉自己，我要用自己的努力改变更多学生的命运，我顿时想到人们常说的"老师就是蜡烛，燃烧自己照亮每一个学生"，在李老的身上我似乎找到了这句话的真谛。

（四川省甘洛中学教师龚柳银）

2016 年，我参加了江津区区级优质课大赛，获得第一名，越战越勇，再获得重庆市优质课大赛一等奖。这是我从来都没想到的，也是我校本学科有史以来最佳优质课成绩。如果没有网班教学经历，我就没有那份勇气，也不会有如此的成长。我学到的不仅仅有朴实的课堂呈现、无限的教学智慧，还有教师对教学、对学生的热忱。我相信在成都七中老师们的引领下，我的教师成长之路会更长、更远！很多东西，勇于尝试之后会发现其实没有那么难！

（重庆市江津八中教师罗小红）

无论学生还是教师，每一分改变背后都是不为人知的付出。选择艰苦奋斗的求学路，对于每个人来说到底有什么意义？笔者把这个问题抛给罗清红。他分享了一个从卢梭的《爱弥儿》中引申出的观点："教育的本质就是免疫。学校教育就是把大困难分解成小困难，一步步增强学生的免疫力。"这段特殊的经历，帮助远端师生一步步地拓展自己的能力边界，让他们有信心迎接生命中的各种挑战。

第三章

教育公平的网校生态：锻造教师成为专家

带一届直播班犹如"二次创业",有老师倾注"除了睡觉外几乎所有的时间";有老师攻读硕士学位,认为"必须要比学生更快地成长起来";有老师突破职业倦怠,找到了久违的教学热情……

每一个教师作为教学专家成长起来，充满教师职业的荣耀与生命价值。创建这样的学校，绝非梦想。①

——［日］佐藤学

"全日制远程直播教学取得的成就，70％源自远端教师的劳动。"北京师范大学副校长陈丽深入了解后，给出这个结论。

这是一条艰苦的道路。调查显示，近一半的远端教师认为他们的工作量增加了50％～100％。② 值得注意的是，远端学校完成适应性改造之后，几乎没有教师退出直播班教学，相反，老师们都以能成为网校远端教师而自豪。

老师们参与全日制远程教学的目的非常朴素：一是改变学生命运，"获得成都七中优质的教学资源""大幅度提高学生的学习成绩和学校的升学率"；二是提高自身专业素质，"获得向名校优秀教师学习的机会，提高自己的专业能力""获得更多培训机会，提升自身素质。"③

带一届直播班犹如"二次创业"，有老师倾注"除了睡觉外几乎所有的时间"；有老师攻读硕士学位，认为"必须要比学生更快地成长起来"；有老师突破职业倦怠，找到了久违的教学热情……

一个以学习为中心的学习共同体构建起来。前、远端学生构成一个学习共同体，向高水准的学习发起挑战；前、远端教师构成一个学习共同体，

---

① 佐藤学. 学校的挑战：创建学习共同体［M］. 钟启泉，译. 上海：华东师范大学出版社，2010：4.
② 张杰夫. 全日制远程教学研究［M］. 北京：北京师范大学出版社，2018：145.
③ 张杰夫. 全日制远程教学研究［M］. 北京：北京师范大学出版社，2018：144.

向成为教学专家发起挑战；而七中网校则为生生、师师、师生组成学习共同体创造必需的制度和文化。无论是教师的"教"，还是学生的"学"，都尽一切努力追求卓越，"并不是指谁比谁优越，而是指无论在何等困难的条件下都能各尽所能追求最高境界"。①

学校的责任在于实现每一个学生的学习权，给学生提供挑战高水准学习的机会；也在于实现每一个教师的发展权，给教师提供成为教学专家的机会。师生齐头并进是成都七中这所百年名校始终引领时代的秘诀，也是七中网校为实现教育公平探索出的有效路径。

通过"双师制""师徒制"和"平行班教学制"等一系列制度和平台，远端教师得以看见成都七中科学化、精细化的教学和评价体系，习得成都七中教师非真实情境不能传达的"教学绝活"，并且不到 24 小时就能在平行班中实操演练。远端教师的教学水平获得"井喷式提高"。

2002—2019 年，累计有 50 000 余人次远端教师与成都七中教师结成了一届三年的稳定的"师徒"关系，不离校、不离岗全程参与成都七中的教学教研和协同教学。网校所构建的学习共同体犹如一个能量场，不管是青年教师、骨干教师，还是名优教师，处在不同发展阶段的教师都能在其中找到答案，实现教学和育人水平的突破。我们找到在网校模式下成长起来的部分教师，邀请他们回顾网校这个学习共同体带来的影响。网校给教师成长带来了什么？不同发展阶段的教师需求是什么，而网校又是如何呼应这些需求的？当事人最有发言权。

第一节　青年教师：从跟跑到领跑

培养一个优秀教师需要多少年？

根据休伯曼（Huberman）的教师职业发展五阶段理论，入职的第一年

---

① 佐藤学. 学校的挑战：创建学习共同体 [M]. 钟启泉，译. 上海：华东师范大学出版社，2010：3.

至第三年，是"求生和发现期"；工作后的第四年至第六年是稳定期；工作后的第七年至第二十五年，是实验和歧变期。① 实验期是教师最有创造力的阶段，他们对自己及学校的各项工作大胆求新和力求改革。

全日制远程直播教学给了远端青年教师成长的加速度，使他们不仅提前进入实验期，并且实现了从合格到优秀、从跟跑到领跑的转变。从 2011 年入职教师行列，到 2018 年站在全省英语赛课的舞台并获得一等奖，泸定中学教师张瑜仅用了 7 年时间。与此同时，前端教师站在万人课堂的中央，聚光灯下的压力与责任，也变为成长的催化剂。他们站在更广阔的教育原野反观课堂，在经验与反思中找到教育的新境界。从 2012 年成为前端授课教师，到 2019 年站在全国数学赛课的舞台并获得一等奖，成都七中教师夏雪刚好也用了 7 年时间。

2020 年春天是一个分水岭。此后，"线上线下混合式学习将成为常态"已经成为全球教育人的共识。一个深谙学习规律和网络传播规律的"网红教师"教育成千上万的学生，大量教师会被取代吗？七中网校的实践证明，终身学习的教师不会被取代。在前端教师承担了知识传授的任务下，远端教师依然有 70% 的工作需要做。正如张瑜所说："教师在想象、创造、情感、直觉方面仍然有其不可取代之处，'互联网＋'让教师迎来了新的机遇。"而这批在网校模式下成长起来的优秀教师，一开始就具备了适应线上线下混合教学、独立开发课程、因材施教等未来教师特质，他们犹如星星之火，成为彻底改变边远、民族地区教育落后面貌的希望。

一、少走弯路：教学 ABC 有了金标准

刚入职的两三年，是建立教学常规、习得教学 ABC（基础知识）、为教师职业生涯的大厦打地基的过程。是否有优秀教师的示范，对于新教师成长至关重要。云南省宜良二中教师朱家宏就曾感慨，培训会上专家讲要大胆整合与取舍教材，回来之后看经验丰富的老师们没有一个删减，作为青

① 张杰夫. 全日制远程教学研究 [M]. 北京：北京师范大学出版社，2018：171.

年教师,"不敢有任何行动"。幸运的是,他不久成为直播教学远端教师,七中教师对教材整合与取舍的示范,给了他很大信心。

张瑜比朱家宏更为幸运。2003 年,当她还是一名高中生时,她所在的学校就跟七中网校合作开设了直播班。她虽不是直播班学生,但科任老师都是带直播班的远端教师,间接接受七中文化的熏染。8 年后,张瑜回到家乡,走上教师岗位,成为泸定中学的一名英语老师,与成都七中网校再续前缘。2018 年,张瑜参加了四川省高中英语课堂展示大赛,与来自成都七中的老师同时获得四川省一等奖,成为"甘孜州高中学段英语学科获省级一等奖的第一人"。同年,她被授予泸定县优秀教育工作者称号,被评为2017 年度"康巴英才"中端人才,成为四川省民族学院外聘教师。这些荣誉和七中网校的帮助密不可分,网校不仅仅帮助了学生,更是助力了无数远端教师。

张瑜用"奇妙"来形容这种缘分。"从 2003 年到 2020 年,17 年的时间里,成都七中网校用一块屏幕,影响了曾经作为学生的我,帮助了后来作为老师的我。"张瑜回顾起这段经历,非常感谢七中网校给她的教师生涯开了一个好头:

大学毕业后,我回到生我养我的故乡,成为一名教师,踏上讲台,怀着教书育人的雄心壮志,也有着初为教师的彷徨迷茫。我当时虽不是网班教师,但学校提供网校资源、上课视频等让我们参考学习,并且要求新入职年轻教师多学习。慢慢地,我从被动学习变为了主动学习,甚至遇到问题时,我会第一时间去网校老师的课堂寻找答案。从某种意义上讲,得益于校领导的正确决策,初为教师的我没有像无头苍蝇一样乱碰乱撞,而是在一开始就有了正确的方向,为自己的职业生涯创造了良好开端。作为新入职教师,这样优秀的网校资源让我及我周围的很多教师少走了弯路。

二、良师为伴:直面成长的苦、辣、酸

成都七中教师口口相传的名言中,有这么一句:"在成都七中,没有经

过痛苦的磨课过程，不能成为好老师。"从求生期到稳定期打好基础，并不意味着教师生涯的一帆风顺，但可以成为克服艰难险阻的能力支撑和精神力量。更为重要的是，通过"四个同堂""师徒制"等方式，前端教师的陪伴如影随形，新的观念和方法源源不断地输入，帮助新教师在实验期形成自己的风格，在因材施教、因地制宜的过程中，实现教育理念的内化和教学技能的提升。

7年，是大部分教师开始进入实验期的教龄，而张瑜已经攀上了实验期的第一座高峰，站在了全省英语赛课一等奖的领奖台，并且是与成都七中优秀英语教师并列第一。她用行动向学生表明，你们可以和七中学生一样优秀，你们的老师可以和七中老师一样优秀。

教师成长过程就像升级"打怪"一样，一个难关刚过，马上又是更难的关。这种滋味，张瑜用"苦、辣、酸"来形容：

苦是我在指导学生学习上遇到的问题与痛苦。记得刚刚担任网班教学时，听网课一周后，我发现我的学生在这个课堂上完全变成了被动的观众，看前端老师上课，看前端学生回答问题。一时间我慌了阵脚，试想我的学生当3年的观众会是什么后果？在这种焦虑与痛苦中，我不禁反思：在这一课堂里我扮演了什么样的角色？也只是一名观众吗？只有老师的角色转化了，才能带动学生。经过摸索，我逐渐意识到，在直播教学中，远端老师应该是合作者、引导者、帮助者、联络者。作为合作者，我既要在上课前掌握好教学内容，同时在课堂上又要认真观察学生的学习情况，以便及时加以点拨及针对性地加以辅导，充分掌握学生在各个环节的学习状况，全方位地为学生服务；作为引导者，在直播教师提问时，我要应时地组织学生参与，适时地组织学生进行课堂互动；作为帮助者，我要帮助学生及时理解直播教师的意图，掌握课堂内容，带领学生共同参与到课堂中；作为联络者，我要在课后收集学生的问题，及时与前端老师沟通，成为前端老师与远端学生的沟通桥梁。

酸是我在寻找自我价值中付出的辛酸与努力。在我极力扮演好了网班教学课堂中的合作者、引导者、帮助者、联络者之后，新的问题又来了：

我变成了学生眼中只能讲习题的助教，变成了同事眼中"打开电脑就算是上课"的老师。作为一名老师，我似乎失去了自身的价值，丧失了存在感。如何体现自身价值成了我成长路上的新问题。我需要努力去创造价值，不断学习，而非依赖直播教学，削弱自己的地位，积极利用好这优秀的资源便是我的突破口。针对网班教学前端老师不能一一比对学生因材施教这一弊端，作为远端老师的我做了很多努力。课前，我先熟悉教学内容，制作学案，帮助学生扫清单词障碍等；课后，我及时查漏补缺，做好习题评讲等。当然，仅凭这些努力还克服不了这些辛酸，心态才是最重要的解药。助教也好，老师也罢，作为一名教育工作者，本不该在意身份。无论什么身份，目的只有一个，那就是培养下一代。

辣是我在非直播班的收获让人意外又激动。在担任网班教师的同时，我还承担了一个非网班的教学工作。每一堂课前，我都会认真分析教学内容，把准教学目标，揣测前端老师会怎么处理这一部分内容，提前为学生准备好学案。在课堂上认真聆听前端老师的讲解，对比我和前端老师不一样的地方，找到自己的不足。课后，针对网班这一堂课中学生遇到的问题，结合另一个非网班的实际学情，对这一堂课进行改进，从而得到一堂既内容丰富又和学生能力相匹配的课。经过这样的努力，这个非网班有了收获，在同水平班级中从垫底变为了名列前茅，这收获让人意外也令人激动。事实证明，网校不仅仅能让网班得益，也能让其他班级受益。

最终，张瑜经历的这些苦、酸、辣也都变成了甜，付出也得到了回报。

三、巨人为梯：与前沿教育理念接轨

七中网校为青年教师带来了什么？张瑜认为，远端教师从直播教学中受益的，远不止学科知识，更深远的影响在于视野、理念和作为教育工作者的一种态度的转变。七中作为教坛楷模，它并不是一个高不可攀的巨人，它博爱、无私、热心。有这样的巨人相助，远端教师才能看得更多、看得更远。直播教学，就是一个"前端拉，远端推"的过程，相信全力合作，远端教师可以借着巨人的肩膀，走向更高更远的地方。如今，在远端学校，七中的直播课与录播课已成为老师们的教研资料、新入职年轻老师的培训资料。经过老师们的自主内化，网班课程资源实际上已融入学校所有班级的教学之中。

张瑜归纳了成都七中网校对教师的影响，主要有三个方面：

1. 视野——全球视野。成都七中所提出的"全球视野，中国脊梁"，在我看来不只是一句简单口号，七中用自己的实际行动在履行这一理念。例如七中开展的"国际理解"课程，旨在培养学生的国际理解能力、跨文化交流能力，这是一个强大团队智慧的结晶，是我所欠缺而学生需要的。不仅如此，七中还提供了时事新闻和 TED 演讲这一类优质的素材，对我个人和学生眼界的开阔都有着深远的影响，这是地处偏僻的远端学校无法提供的，感谢前端老师的艰辛付出。

2. 理念——"双核"并重的课程。同样是在 2019 年的教育研讨会上，易国栋提出七中课程改革的目标是建构"双核"并重的课程，即核心知识和核心能力培养。这一点在七中网校的课堂上表现得淋漓尽致，我们看到的每一堂课都是老师精心设计过的，不仅强调知识的落实，更注重学生能力的培养。在听网课的过程中，我也受到了潜移默化的影响。每一堂直播课，都能让我感受到七中老师在屏幕后所做出的努力，体味他们设计课堂的精髓，观察他们在执教中呈现出的最新课堂动态。隔着屏幕，我把这些先进理念"拿过来"，比对我们民族地区的实际学情，规划自己的教学蓝图，改进自己的教学。

3. 模范作用——屏幕背后的七中人。现在我还记得作为青年教师刚踏入岗位时的自己是多么盲目，在盲区中摸索跌倒了无数次。自从学校引进七中的直播课后，在教学管理和教学知识深度方面，我都找到了标杆，同时也和学生一样，看到了差距。成都七中成了我心目中的模范，而尤为值得我奉作楷模的是七中人的工作态度。当我有幸从远端走到前端，近距离了解这一群屏幕背后的七中人时，我被他们热忱的工作态度打动了。每一个人都热爱着这份事业，都在尽全力实现着作为教育人的自我价值。教研组长刘钰老师用心教研，尽全力带领着一个优秀的团队拼搏向上；马智惠老师对学术钻研、思考，带领着身边的人进步；朱文英老师利用休息时间对新课标的深度解读体现出了她的敬业；申洪俊老师敏而好学的精神让人敬佩，他查阅几本专著只为弄清楚"阅读圈"问题……还有很多很多勤奋努力的七中人用他们的行动感染着我，他们真正诠释了"态度决定一切"这句话，他们是新时代教育的模范。作为一名网班教师，每当你发现七中老师又在讲新东西时，会不由自主地惶恐，只好逼着自己不能停下学习的脚步。在这个过程中，网校时刻在帮助远端老师成长。

面对"互联网＋"时代对传统教育的挑战，张瑜认为，主动适应，危机也能变成机遇。学生可以通过网络广泛摄取知识，老师不再是学生知识的唯一来源，如何避免一些错误观念先入为主，让学生在习得知识的同时也获得正知、正见和智慧，对于广大老师来说是一个挑战。与此同时，"互联网＋"时代使得老师的教学水平被比较，老师的教学质量被比对，老师的专业知识、教学能力都受到了挑战。如何提高教学质量？如何改进教学水平？如何提高和学生之间的对话方法？这些都是老师要面对的挑战。

全日制远程直播教学的经验，对于教师成为适应线上线下混合学习的未来教师有借鉴意义。张瑜认为：

教师在想象、创造、情感、直觉方面仍然有其不可取代之处，"互联网＋"也让教师迎来了新的机遇。在"互联网＋"时代，教师应当把握机遇，将教育目标从"知识传授"转为"能力培养"，对学生情感进行维护，把自己的思想、理念更加具体、有效地表达出来。"互联网＋"时代也出现了很多"网红老师"，正是网络的存在，让更多人认识到这些优秀的教师。身处这个时代，我们每一位老师都应该把握这样的机遇，发挥自身价值，传播正面积极的思想。

而在这个时代，我认为网络直播教学会是教育发展的大趋势。网络直播教学有着诸多优势，它覆盖面广，相比传统教学又具有可重复性，更重要的是，它实现了优质资源的共享。当然它也存在互动性较差、不能根据观看者的实际情况调整教学、需要学生具有强大的自制力等缺点。但是这些缺点是可以通过远端教师的努力弥补的，在这一过程中的确增加了远端教师的工作量，却没有削弱老师的地位。

直播教学是"前端拉，远端推"齐力并进的模式。前端老师的博学为学生打开了外面世界的窗户，远端老师的付出为学生实现梦想铺路；前端老师在知识储备方面为学生提供保障，远端老师在情感培养方面为学生保驾护航。这样紧密配合教育下的学生，不会只是考试机器。这样教学模式下的老师，时刻与优秀的教育工作者并肩前行，有效促进了教师的专业成长。

甘孜州泸定中学教师　张瑜

四、输出即输入："教师最大的师德就是上好课"

有人认为，给名校学生当老师很轻松，因为随随便便教，就能考出好成绩，实际并非如此。成都七中教师群体中流传着一句名言："在七中教书，最大的压力不是来自学校领导，而是来自学生轻蔑的眼神。那种眼神，让人最痛。"给优秀学生当老师的压力可见一斑。

而当七中网校直播班授课老师，压力和责任更大。在成都七中网校的导播间墙上，写着一段话："一次失误导致 77 280 个失望，一次微笑传递 77 280 份温暖，我的专业程度决定 77 280 个梦想。"对导播的要求如此，对授课教师的要求更不必说。聚光灯下的授课，每一个细节都要反复推敲，授课教师唯有用专业精神，才能保证输出课程代表七中水平。

2012 年 9 月，夏雪接手七中文科网班时，刚休完产假。一方面，她非常高兴，学校能将教授网班这样"重大"的事情交给她，是对她的极度信任与认可，她很清楚接手网班将使她的专业能力得到大的提高，并愿意为之努力；另一方面，在她的意识里，只有各个学科的"大佬"才有能力面对直播教学，虽然她已经有了带毕业班的教学经验，教学成绩也还不错，但直播这种形式对她而言还是犹如一座大山。

许多老前辈给了她无私的帮助与鼓励。曹杨可老师当时正好是 2011 级理科班的直播教师，有极为丰富的直播经验。在接到安排那一个月里，夏雪把曹老师的课堂实录拿来反复观看、反复揣摩和学习。备课组长张世永老师，毫无保留地向她传授文科班教学的"秘籍"。

然而即便做足了准备，现实仍然残酷。那时候孩子还小，正是需要陪伴的时候。每天晚上，夏雪都要先把孩子哄睡了，才真正开始备课。除了备好一堂课，还要备好课堂中预设的问题及处理策略，更重要的是还要做 PPT，数学课件中有大量的公式、符号需要借助专门的软件输入，非常耗时。经常备完课已是深夜，夏雪刚入睡不久，孩子可能就醒了，该喂奶了。但对她来讲，最困难的还是如何快速适应网班教学模式。不能用黑板板书，课上生怕说错一句话甚至一个字，讲解时既要考虑远端孩子是否能跟上，又要兼顾前端基础好的孩子……直播教学面对着数以万计的学生和远端教师，对课堂的有效性、课标定位的精准性、教师的语言表达及专业功底有着更高的要求。要求更高，压力更大，所以她要求自己的每一节课都能达到公开课的水准，备课量更大，这也迫使她花更多时间研究教材，研究高考试题，研究前、远端学生的差异及知识结构，分清楚每一节课的基本要求和拔高的点，让自己的课堂更精准。

带完一届网班，夏雪到云南瑞丽一中交流。高考已经结束，但学生们都自发到学校看授课的七中老师。看着远端学子质朴的笑容，感受到他们实现梦想后的喜悦心情，夏雪由衷觉得再苦再累都是值得的。在这一刻，她觉得自己从事教师这一职业的初衷实现了，最大限度地让孩子们成就了自己，她也成了更好的自己。

接手网班的初衷是获得专业能力的提升，但一届学生带下来之后，夏雪的教育视野拓展到了更为广阔的天地，从面向几个班、几十个学生开展教学，到承载云贵川渝等上万师生的期盼，她找到了教师的职业幸福感和使命感。她感慨：

每一次，我都怀着忐忑的心情去和远端老师备课，每一次又都备受鼓舞，充满斗志。回头来看，一开始上网班课的我肯定纰漏百出，好在有远端师生的包容理解和前端孩子的喜爱支持，一路顺利走了下来。接手网班的初衷本是为了让自己的专业能力得到提升，但是这之后，我有了更多的感悟。

学生水平有差异是客观现实问题，但是我们反复强调高考对每个孩子而言是一样的。一般来说，到高中后段，这种基础差异问题基本上就解决了，远端学生的收益也很大。对远端学校而言，很多远端老师采取了先预习、先熟悉下一节课的内容、课后巩固和答疑结合的办法辅助教学，取得了不错的效果。对我们前端教师而言，就是更精准把握新课标的要求，通过螺旋式不断上升的办法，逐步巩固知识，给远端孩子留更多的空间，比如课堂后段主要用于拔高提升，让远端师生可以自行掌握学习节奏。

远端学子的故事经常被我用来教育七中的学生。记得上一届我当网班班主任时，有一位叫李明的远端学生，来自西双版纳中学。他个子瘦小，皮肤黝黑，脸蛋通红，在一群学生中毫不起眼，但他在课堂上却异常活跃，能抢在前端学生之前回答问题，思路清晰，表达能力强。课间、自习课、晚自习也非常专注，成绩优异。临走之前，我专门找李明聊了聊。他的目标非常高，也很刻苦，非常珍惜网校的时光，特别淳朴并懂得感恩，给每位直播教师写了长长的信以表谢意。最终，李明走进了一所名牌高校。

如今，夏雪已经带了三届网班学生，和张瑜一样，夏雪也经历了青年教师突破自身局限、挑战更高水准教学和育人水平的过程。回顾成长之路，她认为自己经历了积累模仿、形成风格、快速提升三个阶段：

反观我的职业成长之路，最开始的积累模仿真正奠定了扎实的基础。虽然我是研究生毕业，本科也是师范专业，但刚参加工作的时候，我仍然遇到了一些困难，对高中教材不熟悉，对高考考纲更谈不上把握。只有一个笨办法，跟着师父老老实实学习。师父每上一堂课，我就琢磨一堂课，再到我的班上去上。其实这个过程和学生的学习是一样的，先理解再消化才能转化成自己的东西。3年下来，带了第一届学生，我几乎一节课不落地听，虽然感觉处处有着师父的影子，但是让自己的教学生涯多了些底气。

有了底气之后，当然就是更进一步的思考。我们数学教研组十分团结和大气，我经常到处跨年级听课学习，也经常独立思考怎么讲才能让学生可以理解得更透彻。多思考、多学习应该是那个时候的主线，慢慢形成了自己的风格。

在七中，学校对老师的要求很高。学生的优秀让老师的学习也是终身的。从开始的会教书，我逐渐思考怎样教好书，尤其是如何兼顾远端学子。高考是如何定位的，七中又如何把握这个标高，而数学学习的核心是训练学生的逻辑思维能力，怎样把这些结合起来？这期间，我阅读了大量的论文，也开始自己编写小专题，对高中数学思想方法进行总结类比。这个过程让自己快速成长。

对老师而言，在我看来，七中精神就是"爱生育人、无私奉献、创新创造、不断进取"。我想这也是七中的魅力所在。首先它有先进的教书育人理念，吸引了很多优秀教师为之努力奋斗。在优秀前辈的带领下，青年教师不断成长，体会和感受到作为教师的快乐。七中学子也非常优秀，不仅仅是成绩优异，还具有良好的学习习惯、独立思考问题的能力……这些也"逼迫"着老师同步成长，与学生亦师亦友。远端老师则是我们在教育路上一起学习、一起进步的同伴。

对远端学子而言，成都七中网校全日制远程直播教学模式的益处，除了前端老师的知识上的传授，我想更重要的还在于优秀学子的榜样引领、良好学习习惯潜移默化的影响，形成了大家在高考路上一起奋斗的动力。正如一个远端学子在进入大学后来七中看我时说的："大学了，还是可以因为你的正能量的话，激动得像打了鸡血一样……"

2019 年，夏雪在第二届全国中小学青年教师教学竞赛中获得一等奖，刚好是她接手网班的第七年。此前，她还先后获得成都市五一劳动奖章、四川省五一劳动奖章、全国名校名师课堂教学展示一等奖、四川省第五届中小学青年教师教学竞赛一等奖、成都市百万教职工技能大赛一等奖等荣誉。

和夏雪一样，每个在聚光灯下的前端教师，都感受到压力、责任、期待被成倍放大。单靠一个教师难以满足远端师生的期待，每一个授课教师背后都有众多老教师的传承、学科组的支撑、成都七中百年文化的积淀以及始终站在教育前沿的活力。"教师最大的师德是上好课""上好课是好教师的首要标准"，这是七中教师共同的追求。前端老师都是创造的高手，将身后的资源凝结成课堂智慧，在课堂有限的时间里，引领学生实现更多可能。

夏雪（中）和远端学生在一起

第二节 骨干教师：从教书匠到研究型教师

骨干教师是学校大船的主舵手，决定前进的速度，影响前行的航向。对于已经处于实验期的他们来说，要调整航向更加难能可贵。七中网校远端教师中，骨干教师占大多数，不少教师已经是当地"教学能手"、市级教学名师，在各大赛课、论文比赛中屡获一等奖。面对直播教学这个新事物，他们勇挑大梁，以"空杯"心态重新学习，将线上线下混合式教学作为研究方向，成为实现教育公平道路上又一道亮丽的风景线。

新津中学教师文光祥是县级优秀教师，他把解决学生的问题放在首位，协调各科任老师帮助学生适应直播教学，找到教师在全日制远程教学模式下的角色定位，终于取得真经——领悟到成都七中成功的奥秘。成为七中网校远端教师，是乐山市马边彝族自治县中学教师邹光珍专业成长的拐点，对学生的高要求迫使她再次审视自己坚持多年的教学观，激发她"比学生更快地成长"，职业倦怠没有了，她找回了久违的教学激情。

教育公平之路上，从来不缺无私奉献、不畏艰险的老师，只要有资源和路径，他们不惜全力以赴。

一、打破：把高要求合理化

2001 年，新津中学率先引入了成都七中网校教学模式。当时，网校对社会公众来讲还是一个新鲜事物。这种新颖的教学模式能否达到预期效果？能否促进学校青年教师尽快成长？七中优秀的教师团队，优质的教育教学资源，深厚的文化底蕴，尊重自我、尊重个性的教育模式，能否提升新津中学的办学质量？这不仅是每一位新津中学人的"担心"，更是即将进入网班的每一位学生家长的"心结"。

作为班主任，文光祥成了学生适应网校模式的第一责任人。网校课程刚开始，文光祥的班级就遭遇了 5 头"拦路虎"。他回忆道：

困难一：全英语课堂，学生难适应。刚上直播课时，学生还是信心十足的，但英语课上的全英语讲解，瞬间让很多同学迷失了方向。学生纷纷反映，上英语课像坐过山车，跟不上前端老师的节奏，下课后学生都围着英语老师，表示听不懂、跟不上。

英语老师把这些情况反馈给我。当天下午自习课，我走进网班教室，对学生说："英语老师跟我交流，同学的英语课听不懂、跟不上。"学生用充满期待的眼神看着我，似乎我能掏出一把"万能钥匙"，立刻解决他们英语课上遇到的问题。然而，我掏出电话假装接通来电，噼里啪啦来了一串："Hello，how are you？I'm fine. Thank you，and you？I'm fine too."

班里学生哄堂大笑。

我对他们说："化学老师这个低水平的四川新津英语，大家能听明白，七中老师的英语课你们就跟不上，说明什么？""英语词汇的积累还不够，七中的学生能跟上，恰恰说明我们和七中的同学存在较大差距，大家应当庆幸自己有机会提前面对这种差距，进网班的目的，就是通过比较，知道自己的不足，不断努力，慢慢缩小这种差距。"

在我们的引导下，学生明白了：有差距是正常的，有些课听不懂、跟不上也是正常现象，我们当下要做的，就是通过不断努力、不断积累，逐步缩小这种差距。之后，英语老师通过钻研、探索，要求学生先预习单词或课文，课堂上标注没有听懂或有疑问的地方，课后再集体解答。一个月后，学生差不多就能适应全英文课堂了。

困难二：视频直播课，学生易疲劳。开学一到两周，我们的学生信心十足，听课很认真，课堂笔记做得很好，慢慢地，新鲜感过去，教室里渐渐出现了"点头族"，每一个班总有那么一到两个易困的孩子。我们老师马上给学生"打鸡血"：坚持就是胜利！选择了成都七中，就选择了一条艰苦奋斗的成功之路！七中没有超人，只有超人的意志！

我告诉学生：若在网班上课想睡觉，在别的班上课也会想睡觉，所以上课是否睡觉不是因为网校直播，而在于我们自己。上课想睡觉，是因为自己毅力不够坚定，上课易疲劳，是因为自己不够专注。

困难三：作业太多，学生不易完成。刚进高中，学生对课业难度还不了解，个个信心十足，什么作业都要认真完成，最多时有9门学科作业，平均每科需0.5小时，晚上6：00开始做，就算中途不休息，也要做到晚上10：30才能完成，况且值班老师还要在晚自习上一节课。部分同学动作比较慢，效率低，要到凌晨1点甚至2点才能做完作业，第二天课堂上就会精神萎靡，效率低下，长此以往，形成恶性循环。

面对学生出现的这种情况，我们老师的对应工作即时跟上，教会学生做到以下几点：明确自己的学科倾向（新高考也一样），对学考要求的科目作业作相应的调整；做适合自己的作业，对难度较大的题删除不做，建议老师分层布置作业；利用好零碎时间完成作业，如课间10分钟、午间休息前、晚饭后……学生争取在第二节晚自习结束后就完成作业，余下的时间用作自主消化。

困难四：学生课堂上没有理解消化，课后没有时间讲。七中老师都是按照七中学生的水平备课，部分知识点要求相对高一些，远端学生的基础相对差一点，接受理解起来比较吃力，课堂上又不能打断本部老师课堂的连续性。课堂上没有理解掌握的知识点，远端老师课后如何处理？

我了解过很多学校的做法，一般是把自习课、晚自习（前两节）分别安排给不同学科的老师，这样做似乎有效，但学生的自主时间少，不利于学生个性发展。我是这样处理的：首先培养学生自主学习的能力。课堂中不懂的内容、七中没有评讲的作业等，要自己去钻研，想办法搞清楚。进入网班的学生，基础较好，部分不懂的点，相互问基本就能解决，不是每一个人都要问老师相同的问题。

其次，远端班老师根据本班学生学情，对学科内容进行梳理，包括基础知识梳理、本部班老师知识点梳理、同类题型整合梳理、易错题收集整理，以及适当呈现高考题并分析。学生通过认真完成梳理的内容，完全能够弥补课堂中没有理解的内容。

困难五：第一次与七中同步考试，学生备受打击。不得不承认，七中学生基础较好，考试题相对灵活，远端学生考七中的题得分比较低，刚开始物理、化学能及格就很不错，与学生初中所得分数比较，得分率太低，很多学生一下子就无法接受，部分学生自信心受到强烈打击。针对这种情况，我们除了给学生讲明差距，还对考卷作了相应调整。第一次考试用七中的题，之后，远端学校和七中考试同步，但不考七中的题，降低难度，学校选用适合自己学生的题。

通过从教师的"教"，转变为学生的"学"，并把学生在网校模式下遇到的问题作为研究点各个突破，文光祥让网校模式在新津中学生了根。对于邹光珍来说，适应网校模式，还需要打破对班级学情的认识，打破原有的低期待，和学生一起，将成都七中"三高一大"（高起点、高难度、高速度、大容量）的要求合理化、本土化，循着美国哈佛大学著名心理学家罗森塔尔的期待效应，见证学生的潜能发挥。如何打破思维定式？邹光珍这样做：

2012年9月，我第一次真正接手马边中学一网班的英语教学工作。学期刚开始，还在新生报到参加军训阶段，同学们就对东方闻道的网络班充满了好奇和膜拜。借此契机，我也向同学们介绍了七中老师的优秀，如七中老师的课生动有趣、信息开放、与时俱进，总是联系时事热点等；知识点讲解透彻、知识体系完备等；七中网络课堂具有优质性，如组织教学张弛有度、轻重缓急有余地等；七中的资料重点明确、典型突出等。学生和我一样充满了期待。

正式进行网班教学，我发现我的身份发生了改变，以往习惯的老师角色、作用也发生了巨大的变化。网课与自己上课完全不一样，各种教学、辅导问题接踵而来。比如七中的课我们学生听不懂，但教师在课堂上插不上嘴且又不敢插嘴；七中的英语课是全英文教学，我们的学生跟不上，只能干着急；七中以能力培养为主，而我们的学生基础较差；七中作业量大，而我们的学生做题效率偏低；七中习题能力要求高，而我们的学生基本功弱；等等。这些问题现实而又急切。尽管我之前有过准备，但还是措手不及。好在我们坚信成都七中引领的方向是正确的，所以我们克服了种种困难，解决了以上绝大多数问题，使成都七中的网络教学和我自己的"教学"在同一课堂、同一班级得以顺利实施。

成都七中的引领是强制性的、标杆性的。它逼迫我克服了自己总是迁就学生的心理习惯。我们总是说学生基础差，于是我们总是习惯于初中语法单词的补充、梳理与强化。然而，"机械"重复、过多关注初中内容实际上是不理智的行为，所以要达到七中要求，还得适当"拔高"我们对学生的要求。从某种意义上说，就是要信任学生有能力、有实力、有机会学好英语，从而迫使他们通过自主努力，把自己的英语提高到一个相当的高度。毕竟语言学科的学习有它特殊的一面：啥时候开始学都不晚。这是七中网络课堂强制性、标杆性的第一个体现。

第二个体现是对教师的强制性促进作用。要跟上七中老师的节奏，教师得严格要求自己。远端老师备课、上课、辅导学生、布置作业时，都得站在七中老师的高度进行，长期坚持下来，无形中就从各方面提升了自己，好像自己也是"七中老师"了。

第三个体现就是成都七中学生对我们学生的激励作用。七中本部课堂节奏快、效率高、效果好，基础在于七中学生的积极进取和勤奋。没有课外汗水的付出，哪来课堂欢快的笑声？没有课下辛勤的劳动，哪来课堂上的自信？这种标杆和引领对我们的学生起着一种模范、激励的作用，也为网络两端共同搭建的同一课堂营造了一种积极、乐观、向上的氛围。他们的远大理想、拼搏精神、踏实作风都对我们的学生起到潜移默化的促进作用。

第四个体现就是每次考试对我们教师和学生的打击和刺激。每次考试，七中学生的成绩都在强制性地提醒我们：差距在哪里、有多大。为了保护学生的学习自信心和学习兴趣，我们常常需要降低考试试题的难度。然而一味这样做也是不明智的行为，久而久之，会让学生和老师都处于一种盲目自信与乐观状态中。但没有痛，你永远不知道你的动力在哪里。

罗森塔尔的期待效应指出，实施前与实施后，变化的仅一个变量：一方对另一方感情上的鼓舞与期待，就能获得令人惊奇的改变。而在全日制远程直播教学模式中，变化的除了期待，还有课程资源、教育理念、学习方法、学校文化等全方位的优质教育资源投入，可谓加强版的期待效应，给师生成长一个强大的助推力。

如此，教育公平更有了紧迫性。有了这个助推力，远端学生能够考上心仪的学校，年轻教师能够走出大山，在全省舞台上绽放光彩，骨干教师能够打破瓶颈，在教学研究上屡结硕果。如果在他们本应拔节成长、开花结果的年龄，没有这个助推力，对他们的天赋和才华会不会是一种浪费？

二、重建：比学生更快成长起来

很多老师认为，课堂上有七中老师讲，远端老师在课堂上失去了主导地位，作为在课堂上当惯了"主角"、能当好"主角"的骨干教师，这种危机感更加强烈。文光祥也曾感到这种角色迷失，但这种感觉持续的时间很短，他很快找到了远端教师不可替代的作用，他认为：

远端教师不是"助教"。远端教师的作用包括：课前铺垫——上课前对本节课的重点进行适当铺垫，让学生知晓本节的难点，并适当预习，在课堂中有意关注，提高课堂效率。课中释疑——在课堂中巡视，即时给学生答疑，同时提醒上课开小差的同学和部分"点头族"；利用课堂中自己安排时间，强调本节课的重点，对难点进行再讲解；对七中作业适当删减，布置适合自己学生的作业。课后梳理——学生课后有不清楚的知识点，也需要远端老师课后进行知识梳理，让学生自主消化。

这些年，随着互联网的迅速发展，在线教育蓬勃发展，出现了很多只送课程的教育平台，但和七中网校相比，效果不尽如人意，因为七中网校和主要送课程的平台相比，有以下几个不可替代的特点：①学习节奏同步，同时备课、同时上课、同时考试。除了师生不能面对面交流外，其余都和自己的老师上课一样。这和录制好的视频课有着本质区别。②教学内容可以及时协调。成都七中每周每门学科都有固定的备课时间，备下周上课内容，备课中明确新课重难点，这让远端老师上课时心里有底、更加自信，整个课程更流畅。远端老师和前端老师可以沟通、交流，教学内容更新即时，更新速度快。这与赠送课程相比，有更大的优越性。七中网校有一支优秀的课后服务团队，随时解决远端课堂中出现的技术问题，让每一节直播课都有技术保障。

我们的老师从成都七中学到了很多。比如七中考试题有一个重要的特点，喜欢考以前考试中易错的知识点，这让我们的老师开始注意收集学生在作业或考试中易错的题，在以后的考试中重点命题考查。教师从知识点上下功夫、从易错点找突破口，教学的针对性更强，对提高学生成绩很有帮助。还有，在成都七中，学习是自主的，学生可以不受拘束地规划自己的未来，朝着自己的梦想努力，并看着它一步步成为现实。这让远端师生学习更有计划，让我们养成了每次大考前自主复习的习惯。特别是高考前15天的自主复习，具体落实到每一天、每一节，步步为营，一步一个脚印，轻松迎考！

抓住学生的学习状态，抓住知识学习过程的落实，提供个性化的支持，这是前端教师无法做到，但又跟课堂同等重要的事。并且，老师们逐渐意识到，让学生获得成长，最根本的是老师的言传身教。学生有了高标准，学生要改变，需要通过教师对自己的高要求来带动。

"网校这个平台，为薄弱地区教师的成长提供了良好的机遇，只要老师愿意学习，跟着前端老师认真地听一届，很快便会成为当地的骨干教师。"文光祥认为，学生在网校学习成绩的优劣，还与当地学生的基础有很大的关系。教育是一个系统工程，只有通过网校在教育相对薄弱地区培养一批热爱教育的教师队伍，从小给学生打好文化基础，留住优秀学生、输出优异成绩、形成良性循环，网校才有意义。不然，网校模式对基础差一点的学生来讲，起不到应有的作用。

邹光珍的切身感悟则是，要想让学生的成绩大幅度地提升上去，第一步也是关键的一步是远端教师的提升与进步。七中本部的课堂与远端学生的课堂的联系绝不是那根光导纤维，而是远端教师。七中有优秀的老师、优秀的学生，还有优质的教学资源，但如何让远端学生了解、认识直到最终吸纳这些资源，还需要远端教师的智慧和劳动。比如组织学生上课，维持上课状态最佳、听课效果最优，将七中老师讲授的信息让学生吸收消化并内化为自己的能力、素养。这是七中老师无法实现的。因材施教、知己知彼还得发挥远端教师的作用，七中的好资源才留得下来。邹光珍和同事们曾经也尝试过"放羊式"的上课模式，但事实告诉他们不行；他们也曾经想过直播课堂由家长来陪伴学生上课，但事实告诉他们也不行。远端教师的作用是不可替代的，担子也总是沉甸甸的，教师必须比学生更快地成长起来，才能带领学生迅速追赶屏幕那端的七中学生。

7年多的网班教学中，邹光珍在七中老师的引领下，英语专业教学素养、综合知识文化素养、信息技术应用于英语教学、新教学理念、高中英语教学方法、敬业精神和教学激情等各个方面都有了很大提升。她说：

七中英语教师具备精深的英语专业教学素养，并能在教材的基础上加以补充和拓展，设计合理的教学措施以满足学生的求知欲，圆满地引导学生完成高中英语学习任务，达到有效课堂教学的目的。跟着王春玲、郭蕾蕾老师直播课教学了多年，我的英语专业教学素养也有很大的提升——我的英语口语准确流畅了许多；高中英语涉及的英语语法很多，如非谓语动词的用法、定语从句、it的特殊用法及强调句型等，七中教师对这些语法知识了如指掌，给学生讲解时清楚明了、详略得当，有效地帮学生学习掌握了这些知识，

马边彝族自治县中学教师
邹光珍

我的语法知识也跟着精深了许多；英语教材贯穿于整个英语教学中，成都七中一切教学活动的设计均是以教材内容为基础，以达到有效教学为目的，多年的网班教学实践，也使我渐渐习得了合理整合驾驭英语教材的能力。

成都七中老师的课堂十分幽默，会让学生绷紧的神经获得片刻轻松而又若有所悟。个性的幽默部分来源于天赋，更多的则是源于后天的学习培养，它是在教师自身深厚文化底蕴基础上的升华。为了向七中老师看齐，培养深厚的综合知识文化素养，我养成了终身学习的习惯，利用课余时间

获得硕士学位。

随着科技的发展和课程改革的深入，信息技术在高中英语教学中日益起着重要的辅助作用。七中老师经常利用 Flash（一种动画创作软件）动画上课，向学生展示声图并茂的情境英语。我也在这方面加强学习探究，提升了自我教学水平。

跟着七中老师进行多年的网班教学，不断地接收到国内、国际全新的教育理念，我的大脑受到了前所未有的洗礼，而且对于一些新的教育理念逐渐从感性认识上升到理性认识。在众多的教育新理念中，我提炼了相应方法以指导自己的教学实践。

高中英语教学方法有所改变。七中老师更加强调从学生的学习兴趣、生活经验和认知水平出发，倡导体验、实践、参与、合作与交流的学习方式，发展学生的综合运用能力，使语言学习的过程成为学生形成积极的情感态度、主动思维、大胆实践、提高交际意识和形成自主学习的过程。在他们的影响下，我改变了自己的教学方法，开始注重贯彻交际性的原则，培养学生的自学能力，激发学生学习英语的兴趣。

跟着七中老师，我的敬业精神也有所提升。在网班教学多年，我逐渐树立了为学生服务的意识，热爱教育事业，热爱学生，把学生当成自己的子女一样来爱护，愿意与学生成为朋友，遇事冷静，不随便发怒，不以威压人，处事公平合理，不抱偏见，对学生一视同仁，努力建立平等和谐的师生关系。

三、领悟：看见七中成功的奥秘

通过网校的屏幕，远端老师还看到了成都七中独特的校园文化。七中的天地是自由的，高考的主旋律之外，有从竞赛到排球，从四大学生组织到上百个社团，只有成都七中的包容与努力，才能够孕育如此良好的氛围，培养如此优秀的学子。

这让远端老师意识到，要充分相信学生，给学生成长留足空间，为有才能者搭建舞台。学会包容各种类型的学生：不能因学生在课堂上顶撞你便耿耿于怀，也不能因学生给你取外号就打击报复，更不能因学生"挑衅"

了你的权威而恶语相向。学生还是孩子，总会犯错误，总会遇到困难，总会遇到挫折，教师要以博大的胸怀去包容、去滋润、去唤醒他们。每一个孩子都有自己的潜能，教师所能做的，就是把它唤醒，用欣赏增强学生的信心，用信任树立学生的自尊。

邹光珍从教 20 多年，从来没有停下专业成长的步伐，但跌跌撞撞中，也进入了职业倦怠期。她认为，"七中网校就像是一股清新的风、一阵及时的雨，让我的教学和教育人生都达到另一种新境界。"

文光祥最大的收获是：作为一个普通教师，能走进七中，认识七中，了解七中的成功奥秘，是自己的幸运。师生的拼搏精神让他震撼，有了这份精神，普通学校的普通师生也能在学习上甚至生活的方方面面达到意想不到的高度。

在网校的征文中，他感慨道：

网校是一面镜子，通过这面镜子，我们看到全省最优秀的同学，遇到一群志同道合一起奋斗的伙伴；看到优秀学生的学习状态、学习效率，让远端学生看到自己与最优秀学生的差距。

网校更像一个窗口，让我们看到通往成功的道路是艰苦曲折、铺满荆棘的。从学生进入网班的第一天起，我们就给学生传递一种理念：我们和同层次班级是竞争关系，一定要做得比他们更好！树立竞争意识，同时建立奖励机制，年级前 10 名、前 20 名有奖，最后 1 名超过本科线有奖。让学生在学习中充满斗志，让学生愿意学、主动学、喜欢学，让学生都健康成长，都享受成功的喜悦。

"七中人"，一个印在我们身上的符号，我为它感到骄傲和自豪。在 3 年的高中生活中，我们也尝试给学生展示自己的舞台，《雷雨》等话剧表演、"是否以成败论英雄"辩论赛、关于转基因产品的生物辩论赛、"家校同心、师生同行"家长会及学生才艺展示晚会、新津中学第一届网班毕业生晚会……给学生机会去尝试、去体会、去感悟，遇到困难敢于克服，遇到挫折勇于面对，让他们在舞台上闪耀，为自己未来的人生打下坚实的基础。

成都市新津中学教师　文光祥

第三节　名优教师：高峰成就高原

教师职业发展的最高目标是成为教学专家。对此，许多知名学者都有相关论述。

日本东京大学教育学研究科教授佐藤学掀起了一场波及国内外几千个学校的教学革命，其核心观点就是，学校要创造学习共同体让每个教师作为教学专家成长起来。改革的逻辑链条是"教师变了，课堂变了，儿童变了，学校变了"①，教师成长位于教育变革的第一位。

根据马斯洛的需求层次理论，人类的需要从低到高依次为生理的需要、安全的需要、情感和归属的需要、尊重的需要和自我实现的需要，低层次的需要实现后，高层次的需要会成为行为的动力。对于教师来说，成为教

---

① 佐藤学. 学校的挑战：创建学习共同体. [M]. 钟启泉，译. 上海：华东师范大学出版社，2010：105.

学专家，"充满教师职业的荣耀与生命的价值"大概就是实现自我的理想状态。[①]

　　远端教师中有许多名师，他们在一个学校、一个片区、一个县或市里，已经是"领头雁"。在全日制远程教学的实践中，他们主动作为，成为成都七中优质教育资源与当地教育生态融会贯通的桥头堡。争取直播效益最大化的同时，他们也登上了新的教育高地，带动一大批骨干教师成就地方教育的高原。

　　全国中小学外语教师园丁奖获得者、全国师德先进个人、四川省特级教师、全国中小学英语教学名师、"感动甘孜教坛"优秀教师、四川省有突出贡献的优秀专家、四川省学术和技术带头人、国家"万人计划"教学名师、享受国务院特殊津贴专家、全国劳动模范……近年，康定中学教师程远友获得了大大小小 50 余项殊荣。从踏上教师岗位起，程远友就扎根甘孜藏区，从地方名师到全国藏区教育领军人物，他是研究边远、民族地区如何培养本土教学专家的现象级人物。网校模式带动一批教育专家成长起来，他们是教育公平道路上璀璨的明珠，像一道道光，照亮了边远、民族地区孩子的未来。

一、坚守：一旦认定就开山探路

　　2002 年 9 月，一连串的卫星信号把成都七中原汁原味的课堂教学带到了康定中学师生面前。18 年间，康定中学的直播班从初中的 1 个班发展到 6 个班，从高中的 1 个班发展到 19 个班，康定中学升入本科的学生由十多年前不足百人到 2018 年达到 539 人，远程教育在康定中学硕果累累。2012 届高中网班学生毛鑫成为康定中学有史以来第一个考上清华大学的学生。2018 年，来自建档立卡贫困户的藏族孩子王志龙以优异的成绩被清华大学土木专业录取。如今，全日制远程直播教学已经成为康定中学的品牌、甘

[①] 佐藤学. 学校的挑战：创建学习共同体. [M]. 钟启泉，译. 上海：华东师范大学出版社，2010：4.

孜州基础教育的特色，在全省乃至全国都享有很高声誉，真正实现了让学生成才、教师成功、学校成名。用成都七中校长易国栋的话说，康定中学取得如此成绩，就是对远程教育的相信和坚守。

2004 年暑假，程远友开始接触成都七中网校。这之前，他对直播教学这种模式完全不了解，用他的话说是"一片空白"。听了前两届网班老师的介绍后，他更是心灰意冷。论硬件，学校设备跟不上，论软件，很多老师包括网班老师对直播教学模式持怀疑态度甚至反对意见。校领导的态度也比较暧昧，网班无人监管。所以，刚接手时，他对网班的心理预期比较低，开课之前，他甚至把课程表作了重新调整，不打算跟直播。

直到七中网校的老师到现场开了座谈会，他才意识到，全日制远程直播教学，极有可能成为孩子们改变命运、促进康中乃至甘孜州教育质量飞速发展的机遇。既然直播教学有这么多的优点，为什么前两届的老师要拒绝呢？程远友认为原因多半是出在老师自身，他们不适应七中的教学理念，抗拒改变。"如果按照七中网校的要求，每天认真做好每一步，同步直播、同步作业、同步考试，课后辅导跟上，一定能成功。"为此，他迎难而上，边学边做，不断实践，不断总结，不断感悟。"那时候，除了睡觉，我的其他时间全部投入到了网班教学工作中。"程远友说。

让全日制远程教学模式在康中生根，程远友花了一年的时间，其过程好比开山探路。他一路带领直播班老师以披荆斩棘、凿石开路的勇气和坚守，迎来了制度、硬件和观念的彻底转变。程远友回顾这段历程时说：

最初，我们的做法招来了一些非议。比如寒假，成都七中要到每年 2 月才放假，而在康定，学校一般在 1 月初就放假了。还有在康定，农历四月初八是一年一度的跑马节转山会，当地学校都要放假 5 天，而成都七中的教学是不会等着我们的。但如果康定中学的教学不和成都七中同步跟进，就会掉队。所以我坚持与成都七中同步上课，与 6 位科任老师商量后，取消了网班的这些假期。

作为网班班主任及科任教师，我负责很多常规工作，包括每天早上7：30 之前开电脑检查网络信号是否接通，关注并打印第二天要用的各科试卷，主动了解学生和学生家长对直播教学的看法，等等。这之外，我还在反复思考如何在网课教学中调动学生的积极性，不断地召开班科教师会，征求老师们的意见和建议，同时培训各位老师。就这样坚持了半个学期后，我感觉直播教学工作渐渐就顺手了。

要建立一个新的教学模式，不只需要改变软件问题，还需要硬件支持。当时网班教室只有一台电脑和投影机，而网课所需的电脑备课机、打印机、取题机都没有，就在这样的情况下，我坚持了一年。

2005年，嘎绒校长来了，他敏锐地看到了网校教学资源的优势。听取我们反映的各方面问题后，嘎绒和陈军两位校长当机立断，出台了各方面与直播教学相关的特事特办的政策：加大后勤服务的保障力度，建立专门的网络直播教学电子备课室，将备课课时纳入正规课时，让教师享受课时津贴，适当增加网课教学科目的课时津贴，逐步加强网络教学设施设备的更新和补充工作，专门成立直播教学管理办公室，负责高、初中直播教学班的日常事务；落实相关教学安排，调整课时，使网络教学科目尽可能达到"一拖一"要求，即每天上午一堂直播课，下午或晚自习对应一堂该科目的辅导课，做到当天教学当天消化，当天问题当天解决；教导处及时检查和考核，督促教师认真履行相关职责，保证教育教学质量，加大教师辅导力度，做到"一拖一"辅导全面覆盖，个别辅导区别对待，针对优秀学生的弱科情况，重点辅导其弱项科目；加大网管中心的服务力度，悉心维护网络教学设施设备，对任课教师进行技术培训，及时排除网络教学技术障碍，做好一线教学相关服务工作。

从此，康定中学的网课直播教学走上了正轨。2007年，我们那届网班的75个学生全部升入本科，创造了康定中学高考史上的奇迹。直播教学在康定中学终于扎下了根。

二、信任："别人能行，我也行"

2004年9月起，程远友连续担任了高2007届8班、高2010届12班和高2013届14班的班主任。这3个直播班在高考中均取得了突破学校历史的优异成绩。成都七中网校对学生成绩的提升是显而易见的。程远友善于反思，他总结了网校模式激发学生潜力的四个原因：

第一，直播教学促进了学生自主学习能力的培养。直播教学模式强调学生的主体地位，培养学生自主学习的精神和积极的学习态度。直播教学与传统教学最大的区别在于直播教学充分体现了以学生为主体的思想，使学生主动积极地要求学习，勤于思考、主动钻研，对自己的学习负责。据观察，参加直播教学的学生不仅成绩有明显提高，而且眼界开阔，思维品质明显增强，学生各方面的自主能力也大大提高了。

第二，直播教学促进学生学会自我反思、自主评价。和七中学生一起对照学习，让学生充分意识到自己的长处和不足，有助于他们培养自我反思、自我评价的能力。每次测验和阶段考试后，我都要进行总结和对比。我最常说的话是："相比之下，考得好的，不要骄傲，七中网班的同学就是我们的榜样、标杆；考得差一点的同学更不要气馁，要与老师一起找差距、添措施，力争下一次考好，而且在我们年级上比，你们还是大大靠前的嘛。"

第三，直播教学激发学生学习的内在动机。直播教学带给学生的不只是一堂堂课，还有成都七中先进的育人思想、刻苦踏实的学习传统和七中学生不断努力取得优异成绩的鲜活事迹。选择七中网校，进入七中这个大集体，对学生来说有两方面的意义：一方面，他们享受到同七中学生一样的教育资源，进入了一个比同校学生起点更高的学习环境；另一方面，他们融入了七中这个充满活力的集体，每天在课堂上看到那么多的优秀学生和他们一起学习，这对他们的鼓励是不言而喻的。

第四，直播教学能帮助学生树立信心和恒心，培养学生坚强的意志品质。在七中学生的学习主动性和刻苦精神的激励下，学生也会变得发奋。在早读、班会、课堂辅导时，甚至在班级黑板报上，我们都努力培养学生"别人能行，我也行"的信念，教导学生为学习付出时间和汗水。我们还经常宣讲其他七中网校同学的成功经验，帮助学生树立学习的信心。高2010届网班学生杜林，高考成绩一般，加分后进入中国民用航空飞行学院工商管理专业学习，然而这并不是杜林的理想专业。但杜林没有气馁，相反，在大学里他依然像在高中网班一样努力。功夫不负有心人，两年后，杜林通过努力转入了学院最好的空管专业，毕业后，他又以优异的成绩被贵阳空管局录用。

不仅如此，因为跟学生同步学习，加之对学生学业和生活的耐心指导，远端教师跟学生也建立了深厚的情谊。程远友的学生带给他很多感动。高2010届网班有一位来自农村的仁同学，十分朴实。一次，同学们和七中同学同步进行英语考试，结束后，程远友打算在办公室里把试卷改完再回去吃晚饭。改到一半，学生吃完饭准备上晚自习了，他又去教室安排，等回到办公室再继续改卷时，发现试卷旁边放了一碗热腾腾的面。仁同学留言说："程老师快趁热吃，吃完再阅卷。"当时程远友非常感动，他在心想："我的学生真是太好了。"

2008年12月，程远友带6位同学到七中网班交流学习，一周后返回康定。那天是周末，到康定汽车站的时候已经是晚上9点半左右了，全班同学却不约而同地在那里迎接他们。后来，班上组织了一次主题班会，让"留学"的学生分别讲述他们在七中的感受，他们都特别提到了七中的同学学习自觉性强、主动性强，不仅基础好而且很努力，这样的分享活动对班上的学风形成产生了积极的作用。

三、凝聚：建立直播教学的"远端标准"

全日制远程直播教学在康定中学生根，不仅让康定中学、甘孜州教育踏上了信息化的高速公路，而且对于全日制远程直播教学在众多成员学校落地生根也起到了良好的示范作用。各地学校在改造期遇到因现实条件制约而产生的种种困难时，总能从康中老师的经历中找到答案。程远友的高明之处在于，把每一个遇到的问题当作研究对象，带领直播班老师们总结出一套操作办法，其中不少做法形成了学校制度。程远友的做法如下：

进行网课教学之前，远端老师先要做好衔接教学，包括知识和思想上的衔接，尤其要做好学生思想上的衔接工作。比如介绍七中前端老师、七中学生的优秀成绩，康定中学网班的成绩及成功的典型代表，七中学习方法40条等。知识衔接方面，就英语学科而言，我们的高一学生来自甘孜州各县，英语基础参差不齐，发音不统一，听力很差，我就针对语音和听力方面加以衔接和巩固。

在课堂教学中，我有5个字的诀窍：要有一个"信"字，"信"则灵，把七中作为我们的引路人；要有一个"心"字，信心是解决问题的关键；要去掉一个"急"字，网课直播教学中不能急，急则乱；要始终贯穿一个"导"字，直播教学导好了，才不乱方寸；要始终培养学生一个"悟"字，学生只有把知识领悟到心，才能举一反三。

跟随直播教学，我始终坚持"四个同时"——同时备课、同时上课、同时作业、同时考试。"同时上课"是网课课堂教学的协作，这是网课教学的重点也是难点。远端老师要提前思考如何配合前端老师进行师生交互，调动学生学习的积极性、主动性和自觉性；提前研究前端老师的教学特点和风格，熟悉前端老师的阶段教学安排，了解前端老师本堂课的具体教学设计，组织好远端班级的课堂活动。"同时作业"要求远端老师不能给学生布置双份作业，这样学生没有时间做，效果也不好；老师要注重作业的检查、批改与评讲，才能起到复习与巩固的作用。严格执行"同时考试"，认真批改，考后要及时分析和总结，真正做到考后100分。

另外，远端教师对直播教学的作用要认识到位。

第一，直播教学不是包治百病的"灵丹妙药"，它解决不了教育均衡中的所有问题，同时也不能把教学中遇到的所有问题都归结为直播教学模式下独有的，比如"学生主动适应网课的学习积极性和自主性习惯难以养成""远端老师补优促差工作难度较大"。这些问题不是因为有了直播教学才存在，而是因为有了直播教学，这些以往被忽略甚至逃避的问题才变得更加突显，必须面对和必须解决，这时候就需要远端老师发挥作用。

第二，直播教学模式是"引领型"，不是"服务型"。成都七中是负责领跑的，不是降低标准来满足远端学校现状的，所以远端学校在后面需要加快步伐跟随，这个过程很辛苦，但不能"等靠要"。

第三，直播教学不是教学直播，要与核心素养的培养紧紧关联在一起。每个学校的师生在校时间多数是在 40 分钟的课堂中度过的，而课堂是一个学校教书育人的重要阵地。在成都七中的课堂上，老师将学科思维、价值观培养贯穿在知识讲授中，远端教师应多多关注前端教师是如何把育人艺术与知识传授结合在一起的。

远程直播教学注入的能量，让康定中学老师的教学教研水平有了整体的提高，甚至是脱胎换骨的转变。程远友认为，直播教学课堂要求远端老师不但要懂教，更要懂学，不能仅仅满足于以往怎么教得好，更需要现在懂得在直播教学过程中如何指导学生学得好。直播教学不是看电视，远端老师在课堂上也不能只做旁观者，而是要做学生学习情况的掌握者、学习动力的激发者、学习活动的组织者、学习课堂的巡检者、学习过程的指导者、学习关键的点拨者、学习疑难的辅导者、学习水平的诊断者、学习结果的评价者和学习优化的促进者。

四、情怀：让公平之光照耀每个学生

2020 年是程远友站上讲台的第 33 年，到现在他还记得自己戴着大红花第一次踏上甘孜州的土地时，那份"到祖国最需要的艰苦地方"挥洒青春和热血的豪情。大学毕业分配时，他拒绝了家乡犍为县抛出的橄榄枝。33 年中，他也有很多次机会走出条件艰苦的高原，按当时的政策规定，在甘孜州工作 8 年可以调回内地。成为名师之后，他能够选择的优秀学校更多，但他却始终不为所动。

或许马斯洛的需求层次理论可以解释他的选择：当一个人的能力和成就已经得到社会承认，尊重的需要已经被满足，到更有名的学校、更高收入的学校或者更发达的城市任教已经不构成吸引力，而他需要得到满足的是最高层次的自我实现的需要——按照自己坚持的原则，将个人能力发挥到最大限度。

他为自己定下"善良和本真"两个原则，他说："我最大的收获就是在公平教育中让学生成才。公平对待每一个学生，让每一个学生都能看到希望，这很重要。我要感恩甘孜人对我的厚爱，只要组织需要、学校需要、学生需要，我就会毫不保留地贡献我的所有。"

他对班里的"差生"特别"偏爱"，尤其是那些对英语学习没兴趣的学生。余伟是高 2007 届直播班学生，起初英语成绩一直是弱势科目，在他被分到程远友所带的班级后，程远友在家访中同家长一起寻找根源，并抓住他的闪光点予以鼓励，帮助他提高学习信心。后来，余伟以优异的成绩考上了南京大学。

在所有学科老师的不懈努力和学生的发奋追赶下，程远友带的 3 届直播班都取得了创纪录的高考成绩。高 2007 届直播班，本科升学率几乎是 100%，高 2010 届学生李山和高 2013 届学生谢慈晖都是当年甘孜州的理科第一名，均考入了浙江大学工科实验班。程远友还指导了近 20 位学生参加全国中学生英语能力竞赛，获得国家级一、二等奖。2012 年，康定中学网班学生毛鑫被清华大学水利水电专业录取，成为甘孜州恢复高考以来第一位本土培养的被清华大学录取的学生。在以前，这样的成绩是无法想象的。

直播教学的引入，使边远、民族地区的孩子不出家门就能够享受到原汁原味的先进教育资源，考入理想的大学和专业，让边远、民族地区的教师因为专业成长从教书匠变为"教育家"，使边远、民族地区的教育实现"跨越式"发展，这可能是程远友这样的教学名师收到的最好的礼物。

学生的肺腑之言是最好的证词。高 2007 届 8 班学生蒋涛说：

成都七中的网课教育，不仅开阔了我的视野，而且提高了学校的教育水平，使我们的学习内容与先进水平接轨。三年中，先进的网课教育与康定中学老师的同步辅导，使我们克服了种种困难，成就了今天的我们。2007 年 6 月，我成功考入国家重点大学华中科技大学。2011 年，我以优异的成绩完成了大学学业，而且还找到了一份不错的工作。我要感谢远程网络教育，是它给我提供了进入大学的平台，让我有了继续深造的机会，更重要的是，我在网课教学中逐步养成了坚忍不拔的意志品质，这将伴随我终生。

甘孜州康定中学教师程远友（中）

高 2010 届 12 班学生李山说：

　　和许多来自农村的青年一样，我向往着重重大山之外更广阔的世界。但现实中经济的欠发达与教育的相对不完善，却限制了这美好愿景。在如愿进入网班之后，我分享着成都七中先进的网络教学资源，在老师严谨的治学氛围与创新的发散思维的耳濡目染中，我收获的不仅仅是优秀的学习方法，还有对世界的新认识。通过网课的熏陶与自身的勤奋，如今我正求学于我梦想中的大学——浙江大学，源于网课学习中的坚忍仍将指引我更好地发展。感谢网课带给我的荣誉与收获！

第四章

教育公平的网校生态：支撑学生超越自我

"我们就像运动比赛中，突然被要求跟专业选手一起训练的业余选手一样，每天都在不停地追赶。"然而，就是在追赶的过程中，远端学生发现，追随着成都七中学生的脚步，他们的成长实现了加速度。

"这块屏幕可能改变命运"，首先被改变的是远端学校的高考升学率，这是社会大众最关心的问题，也是成都七中东方闻道网校最出色的成果。

在《这块屏幕可能改变命运》中提到，"开设直播班的东方闻道网校负责人王红接说，16 年来，7.2 万名学生——他们称之为'远端'，跟随成都七中走完了高中三年。其中 88 人考上了清华北大，大多数成功考上了本科"。

在张杰夫的《全日制远程教学研究》中，关于成都七中网校对远端学生成绩的提升，有更确切的统计："据成都七中东方闻道网校初步统计，2005 年至 2014 年，东方闻道网校高中全日制远程直播教学班已送走了十届毕业生，已成为向全国重点本科院校不断输送人才的生源基地。2005 年至 2013 年，云南、贵州、甘肃、四川的远端学校先后有 28 名学生考取北京大学、清华大学，还有一大批学生考取了国家 985、211 计划的高校。四川广元剑门关高级中学，一所 2005 年由乡镇初级中学改制的高中，在举办远程教学班之前，全校考上一本院校的仅 3 人，而 2009 年举办远程教学班之后的三届直播班，先后有 59 人考入北京大学、浙江大学、厦门大学、哈尔滨工业大学、北京师范大学、天津大学和华中科技大学等名校。"①

龚国仙是四川省凉山州盐源中学高 2014 届直播班学生，中考时他没有发挥好，成绩并不理想。他曾想去更好的西昌市第一中学读书，一位好心的老师善意地提醒他：外出求学离家太远，不一定是好事，如果他在盐源读高中，认真努力一点，高考应该能考个二本院校。后来，当龚国仙加入网班，跟随成都七中网校学习了 3 年后，他考上了清华大学，现于清华大学

① 张杰夫. 全日制远程教学研究 [M]. 北京：北京师范大学出版社，2018：131.

电机工程与应用电子技术系攻读硕士。

2004—2007 年，贵州省纳雍县第一中学开办了第一届直播班，高考时，这届网班创造了纳雍一中的历史——班上的一本上线人数突破了纪录，学生余华以毕节地区理科第一的成绩考上了北京大学。

龚国仙、余华这样的改变堪称"奇迹"，这样的奇迹在四川、云南、贵州等地的边远、民族地区学校发生了很多次。成都七中网校是如何催生出这些奇迹的？正如《这块屏幕可能改变命运》文章作者程盟超所提出的疑问："学校、家庭不同，在十几年间堆积起学生能力、见识、习惯的巨大差异，一根网线就能改变这一切？"

让奇迹发生的当然不是一根网线，正如掀起教育革命的大型开放式网络课程（MOOC）、可汗学院不仅仅是把课堂放到了网上一样，成都七中网校模式蕴含着深刻的教育规律。我们不但要看到网校带给学生的转变，还应研究这种转变发生的原理和机制，以期将之应用到更宽广的教学实践中，发挥更深远的影响。

第一节　网校带来压力，激发学生学力提升

只有能够激发学生去进行自我教育的教育，才是真正的教育。

——苏联教育家苏霍姆林斯基

一、初入网班，"新手"闯入"高手班"

对促进教育公平而言，成都七中网校最直接的作用是将以优秀教师的优质课堂为核心的先进教学资源输送到了远端学校的教室，让身处边远、民族地区的学生也能和成都七中的学生一样，享受到优质的名校教育。从教育的辐射范围讲，网校的直播模式让优质的教育资源得到了更加广泛的利用，有效解决了教育资源分布不均的问题。

薛智佳是云南省宜良县第一中学第一届直播班的学生，通过高考他考

入了北京大学，现在深圳从事教育培训工作。对于网校教学模式的好处，作为曾经的受益者和现在的教育从业者，他的认识具有代表性："我在教育不发达的云南省的县城度过了中学时代，由于有了直播班以及直接到七中学习的机会，才接触到了西部最优秀的中学，后来更是有幸进入中国最好的大学之一。2012 年到深圳和北大校友一起做教育培训，我们的学生大部分进入了深圳的名优高中或 985 高校。因此，我对中国教育资源分布不平衡的状况可谓体会深刻。设想一个学生，如果没有出生在大城市，没有机会接触到名师名校，即使他有聪明的大脑，又有多少机会发挥自己的潜能？于个人而言，这难道不是莫大的遗憾？于社会而言，这难道不是莫大的损失？直播教学克服了地域的局限，在中国稀缺的优质教育资源和需要这些资源的广大学生之间架起了一座桥梁，单就这一点而言，直播教学就是一个了不起的创举，即使它有缺点，那也是瑕不掩瑜。"

但是，教育是一项复杂的、对象是人的工程，教育资源的应用也不像自然资源的南水北调、西气东输一样，资源匮乏的地方可以拿来就用。对于大部分刚刚接触直播教学模式的学生而言，成都七中网校送来的，首先是一项艰难的挑战，甚至是"巨大的打击"。

相对远端学校而言，成都七中的教学起点高、难度大、节奏快、内容多，特别是成都七中的英语课程采用全英文授课，很多网班学生刚刚接触到成都七中课堂，就出现了强烈的不适应症状。很多学生描述起初入网班的经历，"难""追赶""被碾压""一头雾水"是高频出现的词汇。

盐源中学的龚国仙回忆："入学之后，我出现了明显的不适应现象。印象最深刻的一次，是高一的入学考试，物理整张卷子自己会做的题寥寥无几，最后只考了 20 多分，而七中的学生却能考到 70 多分。那时候，看到周围有同学在悄悄哭，怕跟不上进度，我自己也懵了。老师们能做的只是不断地安慰和鼓励我们，说刚开始跟不上是正常的。现在想起来，那次考试使我人生中第一次意识到，世界很大，我们的所学所知和别人的差距很大很大，还有很多需要努力的地方。"

龚国仙表示，高中整整 3 年，他们都在适应和接受，适应和接受这种不断被碾压的状态，不断地意识到人外有人、天外有天的残酷而真实的情况。

在给七中老师的信里，他写道："七中直播班的老师偶尔会一边严厉批评本部同学不踏实，一遍表扬远端同学多么认真，这总给我们一种似乎超越了他们的错觉，直到考试成绩出来，我们的分数依旧被碾压，然后就明白'革命尚未成功，同志仍需努力'。"

宣汉县南坝中学 2018 届网班学生李海霞（后考入清华大学）说："万事开头难，而高一最让老师和同学们头疼的莫过于英语了。七中的英语课堂采用的是全英语教学模式，这对我们这些初一才开始接触英语、基础薄弱的同学来说，无疑是一种挑战。我到现在都还记忆犹新，听的第一节英语课是王春玲老师讲时事热点——纪念抗日战争胜利七十周年，习近平总书记在阅兵仪式上的讲话。当时的感受是，全程不知道老师在说什么，只能听懂一部分单词或短语，更不要说理解更深层次的含义。一节课下来，同学们都摇头叹气，很是沮丧。"

李海霞形容成都七中的课堂节奏"令人自闭"。"除了英语，数理化更让人难过。七中上课很明显的一个特征是讲得比较快，尤其是数理化课程，每节课的效率都很高；另外高中知识也不像初中一样浅显易懂，容量也比较大。对于这些，我当时完全没有心理准备，听完一节课，一头雾水，因此心情特沮丧，头两周有点焦虑。"

重庆市綦江中学 2015 届网班学生邵佳豪（后考入清华大学工业工程系）把初入网班的时期形容为"艰难的过渡期"。"最初步入网班之时，很多同学都有些不习惯，抱怨数学课程太难，各门课程在每一节课中的知识量太大、难以吸收等。记得第一次数学学月考试，班上绝大多数同学的分数都在 100 分以下，只有一名同学得到了 120 多分。我也不例外。刚一开学，一本一本的印着密密麻麻的题的习题册迎面而来，一张一张的试卷接踵而至，一个一个的知识点纷至沓来，好像争着抢占自己的停车位，晚了就没有一样。由于初中的底子不是很厚实，所以我对直播班老师讲的一些知识完全不了解。"

面对直播班快节奏、大容量的教学方式，邵佳豪觉得自己"简直毫无招架之力"，甚至采取了一些极端办法去应对。"想到初中时我就是通过不断的学习、做作业、问老师取得了优异的成绩，我就想高中也一定可以。

于是，我十分刻苦地做作业，平时除了体育课我很少出教室，也极少有其他娱乐活动，甚至有一个星期每天做作业到凌晨2点，第二天还要早起。我也不觉得累，做作业、拿到好名次的意识已经霸占了我的大脑，但一段时间后，我的成绩却越来越差。因为我忽略了实际情况，由于睡眠不足，白天上课时我很多时候是昏昏沉沉的，对老师所讲的知识并没有掌握到位，下了课我又只顾着写作业，这就本末倒置了。由于对重点知识的掌握不到位，又没有通过问老师或同学来加深对知识的理解，加之晚上熬夜太久，精力不足，我的效率越来越低，形成了恶性循环。"

成都市新津中学2015届直播班学生彭高（后考入中山大学）和很多同学一样，刚开始并不了解网校的教学模式，是抱着"同学都很厉害那这个班应该也不会太差"的想法选择了新津中学最好的班级，也就是网班。入学以后，才发现网班和想象中"最好的班级"完全不同，很多学生出现了不适应的现象。彭高说："主要是两个问题，一个是对远程教学不适应，教学进度太快，这主要体现在英语。成都七中的英语教学采用全英语授课，班里大部分同学听不懂老师在说什么。我因为英语还算好，所以这个问题没有困扰我太久。另一个是成都七中的考试难度较大，尤其是理科考试实在太难，难到高中期间远端考试的数理化我每一门都挂过科，其他同学应该也有类似的经历。"

另外，彭高和同学们还面临着巨大的作业压力。网班老师担心成都七中的作业太难，无法起到练习的作用，所以还会根据自己的经验给学生布置作业，有时候，老师会利用晚自习时间再讲一遍七中上课的内容。网班学生需要同时完成前端和远端老师布置的作业，写作业都会写到很晚，学生熬夜现象比较普遍。

对于眉山市仁寿中学网班学生吴玉莲及其同学来说，高一上学期是一场煎熬。对吴玉莲来讲，最艰难的是英语和数学。那时候，她有一个专门用来记英语生词的小本子，每堂课下来，她都能记十几个生词，做一篇阅读理解又记下十几个生词。吴玉莲知道这些生词不解决掉，每累积一天，后面的课就会更难听懂。于是，每天晚上放学回家的路上，她都在记单词，"我知道昏黄的路灯对眼睛不好，但是我只有那个时候才有时间"。这样持续背了快一个学期，她才基本听懂七中老师上课讲的内容。

吴玉莲的数学基础不是太好，所以跟着七中的老师上课她只能听个大概，很多东西都需要自己再花时间去理解。而每天的晚自习，仁寿中学的老师还会把白天的内容再给学生讲一遍，强化一遍，所以学生在学校的所有时间几乎都用在了跟上教学进度上。"晚上回去，很多同学还要做作业做到很晚。"吴玉莲说。

薛智佳形容刚刚接触成都七中课程的网班学生就像游戏中的"新手"闯入了"高手"阵营。"直播课向我们展示了更广阔的发展空间和更高的上限。成都七中的教学质量比宜良一中优秀，七中同学的平均水平则要比我们高很多。作为一个整体，我们就像刚刚被提升了段位的新手一样，进入了高手的世界，发现了不一样的天地。"

综上所述，由于远端学生和成都七中的学生间存在着客观上的学识积累、学习习惯等方面的差距，以及对成都七中教学模式的不适应，远端学生初入网班，几乎都要经历一个痛苦的转折期。

二、适应期过后就是拔节期

在《全日制远程教学研究》中，张杰夫指出，一般情况下，61.6％的远端学生在适应直播教学时都会经历四个阶段：新奇（1～2 个月）、迷茫（3～6 个月）、逐渐适应（6～8 个月）和得心应手（10 个月左右）。[1]

虽然听的是同一个老师的课，做的是同样的作业，隔着屏幕，远端和前端的学生仿佛站在了同一条起跑线上，但是，发令枪响之后，双方前期积蓄的肌肉力量和锻炼出的奔跑速度就会显现出差别。对此，吴玉莲的形容十分到位："我们就像运动比赛中，突然被要求跟专业选手一起训练的业余选手一样，每天都在不停地追赶。"然而，就是在追赶的过程中，远端学生发现，追随着成都七中学生的脚步，他们的成长实现了加速度。

很多远端学生的经历都佐证了这一点。

---

① 张杰夫. 全日制远程教学研究 ［M］. 北京：北京师范大学出版社，2018：116.

宣汉县南坝中学 2018 届网班学生李海霞（后考入清华大学）说：

开始听不懂，但不能放任不管，我就督促自己课外多去听，听一些自己感兴趣的英语音频；除了多听，词汇也是个关键问题，词汇不足说什么都没用，我就多下功夫记单词；七中全英语教学也是在鼓励同学们多讲、多表达，上课的时候不能闷着不说话。渐渐地，我从一开始全懵的状态，到后来能跟上老师的节奏，从一点一点地听懂，到能表达出自己的观点，最后进入一种上英语课很快乐的状态。从听得懂到能理解，再到能表达，这是一个渐变的提升过程，是七中带给我的转变。

在这 3 年的学习中，我们本校老师有一点让我十分佩服："要一直坚持网班教学，不能因为同学们喊苦喊累，不想坚持，就放弃。只要还跟得上，就没有退缩的理由。" 3 年来，他们也确确实实做到了这一点，无论遇到什么情况都尽力保证我们能完成七中的教学任务，课堂、作业、考试，各个方面都和七中同步，不能落下，这一点是最难做到的。可能有的远端学校因为基础差异或者觉得七中任务量太大，一开始跟着困难，就选择了暂时放一放，可是这一放就有可能导致后面更加跟不上，完成作业更加有难度了。所以不到万不得已，都要跟着七中的进度走，无论是课堂，还是作业。慢慢地，你就会发现自己不知道啥时候居然能跟上了，而且做得还不错，这就是提高。

贵州省纳雍县第一中学第一届网班学生李剑斌（后考入电子科技大学）说：

前期，纳雍和成都七中的教学模式、学习习惯都有很大的差别，纳雍的老师其实都是学校最优秀的老师，有的甚至是市级名师，但他们都能够放弃固有的教学模式，敢于放手，并鼓励我们这些学生跟随七中的节奏学习，这对于我们能够完全融入直播班的学习是至关重要的。

本校其他班的教学，我觉得可以称之为保姆式的教学。老师们都很负责任，生怕学生有一点不懂，讲课节奏很慢，甚至连晚自习都用来上课。

相比之下，直播班只是早上安排高考科目的教学，节奏很快，不懂的在自习课上大家可以点对点问老师，共性的问题老师再统一讲解。即便这样，当我们已经完成第一轮总复习时，其他班甚至还没有完成教材的讲解。虽然刚开始接受有些困难，也要付出更多的努力，但这种做法却让我们赢得先机，最后面对高考可以从容不迫。高中的学习，我认为留给学生足够时间去理解、练习相当重要，而我们当地的教育依然停留在以老师讲解为主的方式。正是这种直播班的教学模式，让我具备了很强的自学能力，在进入大学后，我学起来感觉非常轻松，可以说网班模式让我在高中阶段培养起了大学阶段需要的自主学习能力。

那时候，我们班的同学都非常自觉，当想打瞌睡，都主动站到教室后面听讲。因为和成都七中的作息时间不一样，我们开始上课了直播班老师还没有来，或者老师有事没在，大家的课堂纪律也很好。我们远端的老师也十分尽责，每当感觉大家听不懂时，就会迅速介入，有前端的老师会建议远端的老师这么做。其实我个人倒不建议这么做，这样来回切换不利于同学们尽快适应直播班的学习节奏，也不利于同学们全身心投入课堂。

广西壮族自治区平果高级中学 2018 届直播班学生曾楷徽（后考入清华大学）说：

刚刚接触网校的直播课时，我很不适应。习惯了老师在讲台上挥斥方道、侃侃而谈，现在要一节课一直盯着屏幕中的七中老师上课，我感到无所适从。而最难适应的便是英语课和数学课。英语课上，王春玲老师流利的英语让我敬佩不已，可我却像听天书一般，无法跟上老师的语速，以致我英语课上时常犯困。康华老师的数学课则讲得很快，刚开始我经常无法在康老师给定的时间内做完课上练习，因此经常跟不上康老师讲课的节奏。发觉了这些问题之后，我尝试着去改变，改变原来的学习习惯。英语课听不懂，我便在课后努力把自己的英语基础打扎实，多接触一些英文作品。数学课上跟不上老师的思维，我便在课后一题一题地慢慢钻研，直到把上课的内容都弄懂。高一的那一年，我和同学们每晚都为了七中的作业奋战到 11 点半。虽然很苦，但是大家都很开心，因为我们在和远在七中的优秀同学们一起进步、一起逐梦。

根据远端学校多年的统计结果，大部分时间里远端学生都处于追赶态势之中。但经过 3 年的努力，远端学生在总分、平均分上与成都七中学生的差距会缩小 20～30 分，有的高达 80 分。①

三、学习需要"冲刺"和"挑战"

长期以来，我们都提倡对学生进行因材施教。因为，依照分层教学的理念，远端学校的学生和前端学校的学生各方面的素养都存在较大差距，贸然地把两者拉到同一平台上开展同步学习、竞争，会给远端学生造成很大压力，导致学生产生焦虑、厌学情绪。但事实却是远端学生承受住了高强度的学习压力，迅速调整自己，改变既往学习习惯，实现了成绩的大步飞跃。

原因何在呢？

日本著名教育家佐藤学提出的"学力提升理论"或许是答案。

数年前，为了了解所谓"垫底校"辍学激增的实际情况，日本文部科学省对辍学生开展了专题调查。根据调查，学生辍学的第一个理由是"上课内容过分浅显"，第二个理由是"没有理解自己的老师"，而不是大众普遍以为的学生听不懂上课内容。

佐藤学对这个调查结果很感兴趣，也拜托几所"垫底校"进行了同样的调查，答案是同样的——很多"垫底校"高中学生对学校的最大不满是"教学内容过分浅显"。他们迫切期望"高难度教学"。我们的教师在拼命追求"懂的教学"，学生期待的却是"不懂的教学"。

佐藤学由此得出结论："学力"并不是靠单纯的累积形成的，而是借助高端引领才得以形成的。"学力"的形成并不是基于自己理解的水准，而是

---

① 张杰夫. 全日制远程教学研究 [M]. 北京：北京师范大学出版社，2018：131.

通过同教师与同学的沟通，认识自己当下的理解水准下并不理解的事物，并把它加以"内化"的结果。学习中需要的，并不是在儿童不理解的时候先降低程度，再自下而上地提升，而是通过伙伴与教师的帮助，模仿理解事物的方法并加以"内化"。学习是需要"冲刺"和"挑战"的。①

佐藤学强调，要保障学生的"学习权"。"'学习'，对儿童来说是学会社会自立的一种核心责任；同时也是作为一个人的生存权利（人权）的核心、生存希望的核心。""学校的目的及教师的责任就在于：实现每一个儿童的学习权，保障挑战高水准学习的机会。""'高难度教学'——许多学生的这种殷切期待是一种合理的要求。"②

佐藤学总结自己造访了很多所谓"垫底校"的经验发现，"挑战学习的儿童（学生）绝不会垮掉"。"实际上，持续地挑战学习的儿童（学生），即便家庭垮掉了，朋友垮掉了，自身也绝不会垮掉。反之，逃学的儿童（学生）会轻而易举地崩溃下来，得不到老师、家长、朋友、社会的信任，甚至连自己也对自身感到绝望。"

佐藤学的理论能够解释远端学生在网校模式下发生的转变。

在《全日制远程教学研究》中，调查结果显示，普通高中学生在学习过程中遇到困难的主要原因依次为：①57.3％的学生认为自己自主学习能力较差；②54.1％的学生认为自己基础较差；③52.3％的学生认为自己的学习方法不好；④41.6％的学生认为教学速度和难度超出自己的学习能力；⑤41.4％的学生认为自己意志力不强。③

虽然和成都七中学生相比，远端学生在知识基础、学习习惯等方面都有较大差距，但是能够进入成都七中网校直播班的学生，往往也是当地生源中基础能力较好的一拨。在度过了最开始的适应期后，高强度的学习压力也激发了远端学生学习的内生动力，在"被碾压"的过程中，他们不仅

---

① 佐藤学. 学校的挑战：创建学习共同体［M］. 钟启泉，译. 上海：华东师范大学出版社，2010：188.
② 佐藤学. 学校的挑战：创建学习共同体［M］. 钟启泉，译. 上海：华东师范大学出版社，2010：62，166，189.
③ 张杰夫. 全日制远程教学研究［M］. 北京：北京师范大学出版社，2018：211.

在学习前端老师所教授的知识，也在观察成都七中学生采用了哪些优良的学习方法，养成了哪些良好的学习习惯，然后将这些方法和习惯移植到自己的学习生活中，并且用加倍的勤奋刻苦弥补知识储备的不足。从这个层面上讲，成都七中网校给远端学生带来的高强度学习压力，被学生转换成了进步的加速器，一开始的差距虽大，但远端学生追赶的速度却在逐步加快。

《全日制远程教学研究》针对远端学生的调查结果可以证明这一点——经过两年多的学习，有66.7%的学生认为，自己在自信心、学习习惯和自主学习能力等综合素质方面有了较大提高；62.0%的学生认为自己养成了良好的学习习惯；57.1%的学生拥有了良好的学习方法；67.9%的学生认为自己的意志品质得到了良好培养；67.7%的学生认为自己的自主学习能力有了较大提升。[①]

宣汉县南坝中学2018届网班学生李海霞毕业后给学弟学妹们做经验分享。她可以说是远端学生改变学习习惯、实现学力提升的典型代表。

我们本校的老师一直都在积极地寻找能帮助学生尽快适应的办法，和七中以及其他加盟学校做了大量的交流，最后得出了一个诀窍，总结起来就是七中经常说的：不预习不进课堂，不复习不做作业。尽管它只有短短十四字，甚至大家已经听烦了，但却是让我高中三年能走过来并取得成功的关键。

预习不是简单地看看书了事，得分几步走。首先是总览本章节的课本内容，知道下节课要讲什么，并抓住几个关键词；然后结合发的练习册上的预习部分，通过填空、小问题解答等形式记住定义；再看看前几个简单的例题，有一个大致方向。做完这些，心中有个方向，找到了重点，也就差不多了，不至于出现上课不知所云的状况。复习大概就是结合课本、课堂笔记，自己能梳理出一个结构框架，理清思维；然后根据老师留的作业，

① 张杰夫. 全日制远程教学研究［M］. 北京：北京师范大学出版社，2018：125，126.

总结一下基本题型。

一定要总结！一定要总结！一定要总结！重要的事情说三遍！七中的老师上课还有一个特点，就是喜欢做总结，归纳知识点和基本题型。起初我也不重视这一方面，高一高二也就照搬老师的部分总结，大概还能应付，但是到了高三就不行了。高三是全面复习的阶段，各科知识点、题型都超级多，没有总结，根本记不过来！而且我做事的效率不高，根本不可能靠刷题来提高，那就只能去总结。结合课本、老师发的总结资料以及自己梳理的典型错题，分成几大板块，有一个自我的梳理提炼过程，形成知识网络，找到相通的知识点，提炼出一些解题思路，才能在自己的脑海里留下印象。把重要的知识点这样做两三遍，大概就差不多了。比如说化学，它一直是我的软肋，到了高三，我就有了强烈的危机意识，决定做一些实际有效的措施——总结课本。我和班上的同学一起，分工合作，把教材上的知识点、方程式、实验等，做了一个系统的归纳，并且争取不留死角。这样做以后，大家在化学方面都有了很大的提高。

第二节　网校带来同伴　激励远端向前端看齐

教学的艺术不在于传授本领，而在于激励、唤醒、鼓舞。

——德国教育学家第斯多惠

成都七中网校的直播教学模式最直接的作用是把成都七中的优质教学资源送到了远端学校，但在教学过程中，远端学生接收到的却不只是一堂堂课的影像和一套套教辅资料，还有名校教师见识广博的风采、七中学生模范群伦的气质等精神层面的影响。这也是成都七中网校模式和慕课教育、可汗学院等在线课程区别最明显的地方。

慕课教育、可汗学院等在线教育的核心理念是赋予学生尽可能多的学习自主性，由学生把控自己学习的节奏和难度。而成都七中网校的学生仍然基本遵循全日制学校教育的学习进程，成千上万个同龄学生听同样的课、做同样的作业、参加同样的考试，这种同伴关系是自主在线课程无法提供的。而同伴关系是影响青春期学生成长的重要因素，况且，对于远端学生来讲，作为同龄人，成都七中的学生不仅是优秀的同伴，更是他们前进的标杆。如果说成都七中的高强度教学压力为远端学生的成长提供了动力，那么，成都七中学生的优秀则为远端学生提供奋进的引力。

调查结果显示，63.2%的远端学生认为，他们从成都七中学生身上找到了自己的学习差距，成都七中学生起到了信息源作用；57.6%的学生认为，他们从榜样身上学到许多新的观念和知识，成都七中学生起到了榜样作用；54.8%的学生认为，成都七中优秀学生为自己树立了榜样，这些榜样改变了他们原有的一些错误观念；54.5%的学生认为，成都七中学生起到了激发作用，激发了他们的斗志。毕业多年后，很多远端学生回想起来，网校除了带给自己成绩的提升，更感激的是，七中学生的优秀激发了他们向更高处、更远处前进的动力，促使他们勇敢地突破自己，迈向不设限的人生。

一、网校改变了同学构成

1964年，美国詹姆斯·科尔曼教授带领一个研究小组收集了美国各地4 000所学校60万学生的数据，进行了美国教育领域最大规模的调研。然后他们对这些调研材料进行了分析。1966年，科尔曼向国会递交了《关于教育机会平等》的报告，这就是美国社会学史和教育史上著名的"科尔曼报告"。

"科尔曼报告"对影响白人学校中学生学业成就差异的因素做了一个相对重要性的排序：最不重要的是设备和课程的差异，其次是教师素质的差异，最重要的是同学的社会经济背景差异。在黑人学校中这些因素的排序也是一样的。

"科尔曼报告"进一步指出：学生的学业成就还与其同学的社会经济背景和学习期望有很强的相关性，学生处于不同的同学环境中，将会取得不同的学业成就。同学的社会经济背景对不同社会阶层的学生具有不同程度的影响。①

　　"科尔曼报告"推动了美国在全国强制推行"黑人白人同校"等一系列措施。张杰夫认为，全日制远程教学将优秀教师的课堂教学引入了远端学校，为远端学生创造出"第二学习空间"，在这个空间里，远端学生和成都七中的学生成了"同学"，与美国"黑人白人同校"有着异曲同工的作用。"我们在研究中也发现，一些来自边远、贫困地区的学生最缺乏的就是自信和对未来的期待。全日制远程教学对远端学生产生了较大影响，主要包括：大幅度增加了学生的自信心；改变了学生对自身的角色定位，即多数远端学生将自己看作名校学生；拓展了学习途径——向名校优秀学生学习；改变了远端学生的学习状态。远端学生参加全日制远程教学无异于将自己置于一个追赶名校学生的状态，激发了学习斗志，改变了自我评价的标准。"②

　　毋庸置疑，远端学生和成都七中学生的出生、成长的环境有着很大差别。举个例子，龚国仙在凉山州盐源中学上学，盐源四面环山，交通不便，信息闭塞，在他入学的时候，盐源县还属于国家级贫困县。读高中之前，他不仅没听说过直播教学，甚至连电脑都很少接触，即便是在初中电脑课上接触过，对电脑的了解也仅仅是会使用 QQ（腾讯即时聊天工具）和 Word（微软公司的文字处理器应用程序）软件。据张杰夫对来自连片特困地区和民族地区参加全日制远程教学的学生进行的问卷调查，95.5％的学生来自农村或牧区，而来自城市的学生只有 4.5％。在参加调查的学生中，59.8％的学生家里没有电脑，而在成都七中育才学校，2018 届网班学生唐旌凯刚入学就领到了一台 Surface（微软笔记本电脑）。

　　如果不是网校，我们很难想象，这两个群体会成为同学。即使这些学生在学籍上并不是同学，但他们在心理上认同大家都是同学。在调查中，远端学生展示出了对成都七中的高度认同，40.6％的学生直接将自己看作成都七中学生，44.2％的家长也认同自己的孩子是成都七中学生。很多远

①　马晓强. "科尔曼报告"述评——兼论对我国解决"上学难、上学贵"问题的启示 [J]. 教学研究，2006（6）：29—33.
②　张杰夫. 全日制远程教学研究 [M]. 北京：北京师范大学出版社，2018：13.

端学生对前端老师和学生的特点如数家珍，甚至对成都七中的校园都有所了解，即使他们和成都七中隔着屏幕，隔着遥远的地理距离。在 3 年的听课过程中，他们逐步和前端老师、前端学生建立起了深厚的感情。

攀枝花大河中学高中班 2018 届网班学生杨玉玲说：

每一天，每一堂课，那间面积有限的教室容纳了无数的向学之心。在这间教室，我们都只为了学习。

我们与他们并无太大不同。

当前端老师说"把你们的平板拿出来"，我们就说"把笔记本（草稿本）拿出来"，于是，相隔千里，却是一样的苦思冥想，一样的奋笔疾书。

当遇到一些看似很难的题目，我们也总是陷入同样的陷阱，百思不得其解。然后，在老师的指导下，又豁然开朗。

当前端的同学们被批评说心浮气躁、静不下来时，我们倒也无暇幸灾乐祸——他们躁，我们也躁。老师从千里之外泼来的一盆凉水，把我们也浇得平心静气。

我们与他们，并没有什么不同。

重庆市綦江中学 2015 届网班学生邵佳豪说：

第一次，在直播中看到直播班同学时，我就感到一股莫名的激动，觉得自己与美好的远方有了一种联系，同时也对直播班同学抱着一种美慕与向往之情。但随着日复一日的"共处"，我渐渐发觉直播班同学与我们一样，都面临着来自同学的竞争，也共同承担着高考的压力。放假之际，他们与我们一样欢呼；临近考试之时，直播班与我们班一样弥漫着考前的紧张气氛；老师布置成堆的作业时，直播班同样一片"哀嚎之声"……

一段时间过后，上课时，我觉得直播班同学就好像与我同在一个教室一般，我会对袁泉卓尔不群的文采连连称赞，对梅镱潇的成熟稳重深感敬佩，为直播班同学在考试中每一次的杰出表现而感到由衷的高兴。记得在一次期末考试复习期间，我们的考试内容与七中不同，于是很多课程我们都没有观看直播，唯有语文因考试内容大致相同，所以我们在语文课上会偶尔观看直播。每一次在语文直播课上看到直播班同学时，我们就好似再次看到多年未见的朋友一般兴奋。高考结束至今已有 4 年半的时光，不知直播班以及其他网校同学的生活如何，愿他们的未来一片光明！

广西壮族自治区平果高级中学 2018 届直播班学生曾楷徽说：

回想起这 3 年的网校课堂，印象最深的便是七中老师及前端同学们的幽默与博学。七中的老师们上课时总能对知识进行形象、透彻的讲解，也时常会讲授一些让我眼界大开的东西。而七中的同学们则总能回答出老师的问题，他们巧妙的思路和新奇的方法也常常让我有醍醐灌顶之感。

七中的老师和同学不仅是知识的源泉，也是快乐的源泉。阮杰老师常常被我们称为"Mr. Soft"，最令我难忘的便是他那经典的句式"这就是为什么……的原因"。每次碰到这样的语病题，总会想起阮老师的化学课。王芳老师经常在上课的时候给我们讲大道理。有时候前端同学的物理考得比较糟糕，王芳老师便会教训前端的同学。这种时候，话筒一般都是关着的，但有时老师会忘记关，于是便听到了前端同学的声音。我们时常感慨："原来七中的老师训起学生来也这么狠的呀。"在偷笑之余，我也会对照着老师的话反思自己是否存在和七中同学一样的不足之处。黄炳章老师则总能把一些枯燥的语文知识讲得生动有趣，激起了我对语文的极大兴趣。

七中的同学们则更加活跃。每当七中的同学回答问题时，我的注意力都会被吸引到那块小窗口。他们时而严肃，时而搞笑，时而对一个话题侃侃而谈，时而因为回答不出问题而一脸茫然。看到他们，就仿佛看到了我们自己，仿佛我们此时就坐在千里之外的成都七中，在座位上听着七中老师讲课。久而久之，好多经常回答问题的同学都成了熟悉的面孔，我们远端同学也能够叫出他们的名字了。他们在课堂上的一举一动，也成了我们关注的对象。我想，我们心里早已把他们当成了我们的同学，当成了我们熟悉的人。

二、前端学生为远端学生提供了替代性体验

和成都七中学生做同学是一种什么体验？对远端学生来讲，屏幕那边的是同学，更是榜样。

全日制远程教学的突出作用是突破了"文化贫困"的束缚，通过"拟态环境"将城市学生学习、生活中的现代文明引入边远、民族地区，使城市名校文化与远端学校形成一种"血脉相连、血气相通"的关系。[①]

孔子曾说："三人行，必有我师焉。"《礼记·学记》中也讲："独学而无友，则孤陋而寡闻。"他们都强调了同伴对学习的重要性。西方也有同伴教育、朋辈教育的说法，指的是利用青少年的趋众倾向，使有共同的生活背景、共同语言的同龄人、同学或朋友共同学习及参与活动，达到互相影响的目的。同伴学习、朋辈教育的理论基础来源于美国行为主义心理学家班杜拉（Albert Bandura）的社会学习理论（Social Learning Theory）。[②]

社会学习理论由观察学习理论、交互决定理论和自我效能理论三部分组成，强调观察学习、环境和自我调节的相互作用。观察学习，也被称为替代学习理论，指学习者通过观察榜样的示范行为，而改变自己的行为方式或是做出相类似的行为。观察学习和直接学习相对，前者是以人类共识经验为基础的学习，后者是以个人直接经验为基础的学习。班杜拉强调，在进行观察学习的过程中需要自我调节、自我强化和自我评价。

自我效能理论强调个体在任务面前的一种自信力和意志力，即学习者在任务开始之前，对于自身胜任能力的一种判断，从而形成的自信和意志。有良好自我效能感的人，能够具备发自内心的动力，强大的意志力会使其达到完成任务的要求。培养和提升自我效能感可以从成功体验、替代性经

---

① 张杰夫. 全日制远程教学研究［M］. 北京：北京师范大学出版社，2018：192.
② 施国强. 新时代背景下以朋辈教育推进高校学风建设的研究——基于班杜拉社会学习理论［J］. 科教文汇，2018（33）：138－139.

验、言语劝说和情绪生理状态来加强。①

成都七中学生作为被选拔出的名校学子，同龄人中的佼佼者，是远端学生理想的观察学习的榜样，为远端学生提供了替代性学习体验。通过屏幕，远端学生不仅在接收成都七中老师传授的知识，也在观察七中学生的学习生活，通过模仿和总结，习得七中学生的优秀经验。同时，成都七中学生、网校优秀毕业生都有助于培养和提升远端学生自我效能感。大家都是同龄人，他们可以，我们当然也可以！尤其是当网校学生实地进入成都七中学习、生活后，成都七中学生的高素质令他们深受冲击，也获益匪浅。

2019 年，新疆乌苏一中高一（1）班学生李敏溪来到成都七中交流学习后，发现七中的活动课不少，七中的学生也没有如她想象般地拼命学习。那他们为什么优秀呢？李敏溪仔细观察后，发现对七中学生来讲，"抓紧时间学习"，不如"抓紧学习时间"，高效才是关键。

2019 年 11 月，冕宁中学邓加冕在成都七中学习了一周，她写下了这样的学习心得："在一周的学习中，我发现我们离成都七中太遥远了。成都七中的学生基础都非常扎实，所以课堂上能很好地融入，课余时间也安排得很满，积极参加各种活动……一个同学说，上课很投入，下课很'嗨皮'（happy），课后很努力。这次'留学'活动让我体会到了外面世界的美好，了解了别样的学习风格，也给了我学习的干劲；体会到了人与人的差距，却也激励我向他们靠近。"

2016 年夏天，广西平果中学的曾楷徽到了成都七中，见到了平时只能在屏幕上看到的同学，他说那种感觉就好像见到了自己的偶像，心里有说不出的激动。午休时，他惊讶地发现，不少同学还在书桌前奋战。他原本以为七中的同学们都是每天轻轻松松学习也可以取得很好成绩的天才，却没想到他们的优秀背后也有着无数的付出与努力。"七中没有超人，只有超人的意志。"他真正领会了这句话的含义。而且学习之余，七中同学们会参加丰富多彩的社团活动。看到多才多艺的他们，曾楷徽说："我心中不禁产

① 王丽琳. "互联网＋"环境下学生自主学习的探究——基于班杜拉的社会学习理论［J］. 课程教学研究，2017（12）：23—27.

生了一种差距感，也坚定了让自己变得更优秀的决心。"

高二时，盐源中学的龚国仙在成都七中本部进行了一周的交流，在那里，他学会了如何学习。龚国仙发现："在原来的学校，我们更多是在被老师推着走，每天疲于应对各种作业，对自己的学习情况没有清晰的定位，也没有任何针对性的计划。但在成都七中交流期间，我惊讶地发现他们晚自习竟然完全没有老师讲课，每天完成作业后，学生会根据自己的薄弱环节找题做，并主动到办公室找老师答疑，或者学累了就到操场跑步，跑完回来继续学习。"他记得最清楚的是，当时直播班有一个女生，远端同学都知道她数学特别好，当其他人还在110分上下苦苦挣扎时，140分对她而言已是家常便饭，即便这样，龚国仙在晚自习课上看到她已经快刷完了一整本《5年高考3年模拟》。

这次短期访学触动了龚国仙，让他觉得自己必须树立和七中同学一样主动学习的意识，制订自己的学习计划。回到盐源后，他觉得自己在校上晚自习的效率很低，回家反而学习状态会好一些，但当时同学们都在学校上晚自习，巨大的惯性让他一时很纠结。"于是我主动联系了成都七中网校的刘小溪老师，向她说明了自己的情况，并表达了自己想回家上晚自习的意愿。刘小溪老师告诉我，抱着对自己负责任的态度做出选择就好。"龚国仙鼓起勇气找班主任说明了情况，班主任也非常尊重他的选择，于是，他成了第一个回家上晚自习的学生。这件事对龚国仙的影响很大，让他真正意识到"学习是自己的事"，要敢于改变并为选择负责。

对贵州纳雍中学的李剑斌来说印象深刻的是，在成都七中，语文课和英语课前10分钟都是由学生就自己擅长的领域做分享、交流。这种模式不仅开拓了远端学生的视野，也让他们看到了自身的不足，激励他们拓展自己的能力。

云南省宜良一中网班学生薛智佳的例子更加典型。初中时，他就经常为学习"吃不饱"所苦，周围同学叫他"学疯子"，但进入网班，追随着成都七中，他第一次体会到了符合自己节奏的课程。从高二开始，他有了较多和七中直接接触的机会。"在这之前，七中给我印象最深的是老师和同学们高强的实力，成都七中的学生是一个更高的参照物以及压力的来源。但在我有机会直接接触七中之后，这种竞争性的印象就烟消云散了。七中变成了一个温暖、轻松、平静、适合的所在。"

薛智佳发现，七中有着更高效的课堂和更充裕的自习时间，更特别的是，七中的学生在很大程度上自己在为自己掌舵。薛智佳当时在宜良一中成绩遥遥领先，但被自主学习和集体统一教学的矛盾深深困扰，不知道如何取舍和平衡。在成都七中，他立刻就找到了答案，这种自己掌舵、自主学习的感觉和经验，对他后来能够扬长补短、消灭掉弱势科目起了决定性的作用。

而且，薛智佳发现：在一般人的刻板印象里，重点学校里都是低情商的学霸，里边的人际关系应该用鸡飞狗跳来形容。但在成都七中，情况是完全相反的。七中有着简单的同学关系，师生间的关系也很融洽，尽管学业压力大，同学们的精神状态却是轻松自如的，因各种人际冲突造成的青春期焦虑在七中比较少见。一些七中的同学后来成了薛智佳关系维持得最久的好友。

三、远端也反作用于前端

力的作用是相互的。只要一个物体对另一个物体施加了力，受力物体反过来也肯定会给施力物体施加一个力。

前端学生的优秀固然为远端学生提供了成功的引力，但远端学生的关注对前端学生来讲何尝又不是一种特别的压力？

成都七中育才学校初 2019 届网班学生李欣玥在《致远端同学们》的文章中写道：

从网校照片墙第一次了解到了成千上万远端同学，也就是成千上万个你的存在。老师告诉我们，每一节课都会被录像，发送到各个远端学校去，突然有了一种必须要好好上课的想法。一半是因为身处摄像头之下，另一半，是因为有了一种责任感，发自内心的责任感。

经常问自己：学习是为了什么？答案有很多很多，但从这之后，多了一条：不只是为我，也为了成千上万的你。

到你消除了空间距离真正站在我面前的时候，才发现，原来我们是如此的相近，仅仅只有空间上的阻隔而已。我们用着同样的书，上着同样的课，聊着同样的话题，对未来有着同样的美好期许。这样的经历对于我，也同样是崭新的体验。

网校似乎是前端影响远端，可远端同样也反作用于前端。成都那么多优秀的学校、优秀的班级，为什么育才的网班如此厉害、如此出名？都是因为有了你啊，有了成千上万个你在屏幕前的目光，有了成千上万个你在我身后不断追赶，我不敢懈怠……知识与品质互相碰撞，擦出火花，燃出更好的我们。我们就这样，在日复一日的学习生活中悄然地互相影响、互相成就。

一位远端同学来成都七中交流时，说他的偶像是 2018 届网班学生谢海川，这让谢海川有些惶恐。作为镜头前的一员，他曾经还想过，反正远端同学看的都是老师讲的知识，自己认不认真其实没有关系，但是这种想法却在远端同学来了之后消失得一干二净。他们确实主要听的是老师所讲授的，但还有相当一部分会关注前端学生每个人的言行举止。"我们认真时他们也会认真，我们开小差时他们也会指出来。"

谢海川意识到："总而言之，我们对于远端同学来说是一个个参考对象，是一个个小老师；远端同学对于我们来说是督促我们不断向前的一股强大力量；我们和远端同学是一对对好朋友。我们少了其中一方，或者说一方做得不好，都会产生潜移默化的影响。或许我们现在感受不到其中一方对于另一方的重要性，但我相信它会带给我们很多影响，将会一直到我们老去。"

成都七中 2015 届网班学生梅镱潇曾多次参与网校组织的各种活动，对前端学生和远端学生的关系，他的体会更加深刻：

直播教学这种模式，让我们和远方的同龄人产生了联系。这种联系大致可以分为两种。第一种是课上的联系，远端同学观看我们上课的直播，其中不仅包括直播班老师的口授和板书，也包括我们的回答和讨论，当前端同学回答问题时，导播老师会将镜头切换至这位同学，所有远端同学都能够通过直播看到画面。我觉得这是一种很独特的上课方式，其中的关键词我觉得是分享。一方面，我们把课堂的整体环节（包括老师板书、讲解，同学回答问题，以及课前准备和课后作业）与远端成千上万的同学们分享；另一方面，远端的老师和同学也会在看到直播以后向我们反馈他们的意见和想法，我们也会因为有远端师生们的关注而在上课和回答问题时更加认真，也更加积极主动。

第二种联系就是在课后和远端同学们的交流，有线下的当面交流，也有线上的互动。当面交流的对象主要是远端学校来到成都七中的交换生们，每周都会有来自不同远端学校的同学到七中来交流，体验我们的课堂和校园生活。他们都是各个学校里最优秀的同学，因此我们也有机会和很多比我们更厉害的"学霸"交流学习经验和学习方法，他们的认真刻苦、严谨踏实给我留下了非常深刻的印象。此外，我们也会在课后一起参加各种各样的活动，远端来的同学就曾经多次在校园艺术节上登台表演少数民族的歌曲和舞蹈，在运动会上代表我们班参加过比赛，甚至和我们一起出去逛街、吃火锅。这些和我们一起学习的同龄人，很多都比我们更聪明、更勤奋、更自律，在学习和生活中都堪称我们前端学生的榜样。我觉得，通过网校建立起的这种特殊的纽带，也能够让我们彼此都更深入地了解对方，尤其是不同地区的校园文化和地方特色，让网校的学生能够像一个大家庭一样，各具特点又畅通交流，这是在普通教学班中体会不到的。

线上互动则是我们和那些没有机会来交换的远端同学们沟通的方式，在那个网络直播还没有流行的年代，我们直播班就可以说是已经拥有上万"粉丝"的关注了，而部分远端同学也会像现在的"粉丝"一样，希望能够更深入地了解我们在直播之外的生活。当时大家的交流基本都靠QQ，一些远端同学通过各种方式获得了我们本部一些同学的QQ号，主动来与我们联系，有很多远端同学添加了我和周围同学作为好友，现在我的QQ里还有近30位远端同学的联系方式。面对这种来自远端同学的关注，我们一开始当然是很开心的，他们与我们的对话也大多是问候寒暄，有时候也会问一些学习、生活方面的问题，我们当然也会很热心地解答。不过有时候一些过度的"关心"，也会给我们带来一定程度的烦恼，比如个别同学会过于频繁地发消息问候，或是希望太过深入地了解我们的生活，没有把握好交流的尺度和频率。当然，这种例子是少数情况，很多远端同学和本部同学通过线上交流的方式建立起了长久的友谊，甚至延续到了毕业以后。听说有远端同学给来自本部的同学当家乡的导游，还有不同学校的远端同学和本部同学在大学中偶遇相逢，一句"我们在直播课上见过你"就代表了3年的特殊情谊。

总之，线上线下的交流，让我有机会认识了很多来自四川各地乃至其他省份的优秀同学，能够和他们共同成长、一起进步。这些来自远端的朋友们和直播班学生一同营造出一个温馨而团结的大家庭，这种氛围下的高中生活也被赋予了更多可能，而直播班带给我们的友谊与收获，也将超越直播教学的3年，一直延续到我们未来的生命之中。

佐藤学说："学习，可以比喻为从既知世界到未知世界之旅。在这个旅途中，我们同新的世界相遇，同新的他人相遇，同新的自我相遇；在这个旅途中，我们同新的世界对话，同新的他人对话，同新的自我对话。因此，学习的实践是对话的实践。"① 借着一块屏幕，成都七中网校搭建了一个不可思议的平台，前端教师和远端教师相遇、对话，前端学生和远端学生相遇、对话，互相影响，互相成就。

第三节　网校提供辅助　引导学生走向广阔世界

一次失误导致76 200个失望；一个微笑传递76 200份温暖；我的专业程度决定76 200个梦想的高度。

———————————

① 佐藤学. 学习的快乐——走向对话 [M]. 钟启泉，译. 北京：教育科学出版社，2004：序.

在成都七中东方闻道网校的整套运营体系中，成都七中的深厚底蕴和优质资源是输出方，远端学校是努力追赶和调整的接收方，而保障输入和接收的路径尽可能通畅的，还有一个第三方角色，就是网校谙熟直播教学规律和远端学校教学服务的专业队伍，他们为远程教学工作的开展奠定了坚实基础。

在成都七中导播室墙壁上，贴着几行醒目的大字：一次失误导致 76 200 个失望；一个微笑传递 76 200 份温暖，我的专业程度决定 76 200 个梦想的高度。以此时刻提醒着网校工作人员，为了 76 200 名远端学生而努力。

一、及时干预　指导学生调整学习方法

班杜拉的社会学习理论中的交互决定理论强调环境在人的行为中的重要作用，强调环境、行为和人三者之间存在多向决定关系，从而就构成了每一个个体活动的三元交互系统。三元交互决定理论与影响人发展的要素——遗传、环境、教育，有着密切的联系。班杜拉认为，三者之间，应该呈现一种你中有我、我中有你的形态，即教育环境和物质环境同样重要。加入教育者的合理干预，能有效辅助学生的自主学习。[①]

在成都七中网校的学习生态中，很多时候，是经验丰富的网校教师担起了对学生的干预职责。比如重庆市綦江中学 2015 届网班学生邵佳豪，刚接触网班时出现了强烈的不适应症状，而且一度钻入牛角尖，以为只要刻苦学习、认真完成作业就能迎头赶上，但为了完成作业他不得不经常熬夜，睡眠不足，极大地影响了第二天的听课，陷入了恶性循环。在成绩一次又一次地与自己的目标相去较远的打击下，邵佳豪失落过、伤心过，并且质问自己："为什么我付出那么多却收效甚微？为什么别的同学没像我那样整天看书学习却比我的成绩好？"由此，他开始嫉妒成绩比他好的同学，开始脱离集体，自己一个人不顾休息地学习，希望能有一次考到第一名。

---

① 王丽琳."互联网＋"环境下学生自主学习的探究——基于班杜拉的社会学习理论 [J]. 课程教学研究，2017 (12)：23—27.

　　幸运的是，步入网班后不久，负责网校对外交流的刘小溪老师就来到了綦江中学，在了解到学生存在的种种问题后，小溪老师向他们提供了一套学习方法：在上每堂课之前，预习课程内容，借此提升每堂课可以吸收的知识量，及时解决课上没有听懂的知识点，不拖延，养成及时做笔记、整理错题本的习惯。同时，小溪老师告诉远端学生，尽管七中教学有一定难度，但只要他们度过这个过渡期，他们就能习惯这种难度，突破自己。

　　邵佳豪至今仍清晰地记着，当时小溪老师激励他们的那句话："七中没有超人，只有超人的意志。"之后，每每想到这句话，他就想到那位一直关心着自己的小溪老师，高考路上所感受到的疲劳之意便能消去一大半。随后，远端老师为了让学生养成课前预习的习惯，还会抽查他们的预习情况。运用了小溪老师教授的学习方法后，大家逐渐地习惯了七中的学习节奏与难度。后来，当邵佳豪接触同校其他同学的试卷时，都感觉非常简单，深切感受到了身为网班学生的自信以及网校教学模式的优势。

　　邵佳豪已经走进了清华校园，回想起网校对自己的帮助，他感叹道："有的人可能会说，七中网校这一教学模式和现在的慕课、云课堂以及其他在线教育没有显著差别。但就我的亲身感受而言，七中网校教学模式和那些在线教育是存在显著差异的，成都七中直播班并不是简单地输出知识，或者说将知识打包传到各所远端学校，而是在教学的过程中，网校老师们会认真考虑远端学生的学习情况，并因此对教学安排进行适度的调整。同时，远端学校的老师会对直播班老师的授课内容进行解释和补充，让本班学生充分理解课程内容；远端学校老师还会根据本班学生的知识掌握情况，专门讲解学生在直播中未掌握的知识，从而让学生能够全面掌握课程知识。此外，网校总部配有专业的教师，如小溪老师、馨以老师，她们经常奔波于各所远端学校，了解远端学生的学习情况，最后将这些情况汇总到网校总部；还会组织各类活动，增加远端学生与直播班学生之间的互动，增强彼此间的感情纽带。正是这些老师的辛苦付出，让散落在全国各地的网校学生都认可其共同身份——'七中网校学生'！"

二、组织多种活动　为远端学生开阔视野

为远端传输前端学校优质课堂资源的同时，成都七中东方闻道网校还搭建了具有特色的学生培养活动平台，让学生在参与过程中潜移默化地接受文化的熏陶和精神的引导。网校基于各个学段学生核心素养的培养目标，依托前端学校的优秀文化和育人理念，融合网校特色，构建了一系列文化活动、学科活动，以此丰富远端学生的课余生活，拉近前、远端学生的距离，提升他们的综合能力；同时通过学生栏目、微信公众号等平台，开阔学生眼界，给予他们积极正面的价值引领。

为了帮助远端学生在精神上尽快融入七中学习生活，增强他们对七中文化的认同感，克服他们在学习中遇到的困难，网校针对远端学校不同的学生群体，在学生的适应性、励志成才、心理干预、学法指导等方面提供了专项服务，如学生到七中"留学"、学生阶段性信件交流、学生集体交流、学生个体交流、学生参与七中文化活动等。

为了开阔远端学生的视野，引导他们体验文化差异，让他们亲身感受七中学生的学习与生活，网校定期开展远端学生到七中的游学活动，让远端学校品学兼优的学生代表赴前端学校，与七中学生同吃、同住、同学习一周，领略前端学校的文化，学习前端学校学生好的学习习惯和学习方法，感悟学习真谛。[①] 每年暑假，网校会组织一批优秀的远端学生参加夏令营游学活动，去北京参观清华大学、北京大学等著名文化景点，激发他们的奋斗热情。

无论是七中游学还是夏令营活动，都深受远端学生欢迎。

广西壮族自治区平果高级中学 2018 届直播班学生曾楷徽说：

2016 年的夏天，我有幸两度去到成都七中"留学"一个星期。进入教

[①] 张杰夫. 全日制远程教学研究 [M]. 北京：北京师范大学出版社，2018：84，86.

室，见到七中的老师和同学的那一刻，我的心里满是紧张，却又充满期待。一想到要和这么多优秀的同学在一起上课，一想到七中老师会叫我起来回答问题，一想到我会出现在上百所远端学校包括我们学校的屏幕上，一种巨大的压力感油然而生。果不其然，"留学"的第一个上午，我就被点到了两次。我拿着话筒，吞吞吐吐地用自己的广西口音回答问题。记得在物理课上我回答不出王芳老师提出的问题，她便一直给我提示，直到我顺着她的思路回答完问题。在课后时间，我和我们班一起来的另外 3 个同学还会去找七中的老师和同学交流。平时只能在屏幕里看到他们，如今和他们面对面，当然要和他们好好聊一下学习、聊一下人生啦！他们都很平易近人，我和一些七中的同学也很快互相认识了。这种感觉就好像见到了自己的偶像，心里有说不出的激动。

网校的老师们还组织我们参观了七中的校园。七中很小，但却是闹市中一块不可多得的宁静之地。午休时候，不少同学还在书桌前奋战，让我很是惊讶。我原本以为七中的同学们都是每天轻轻松松学习也可以取得很好成绩的天才，却没想到他们的优秀背后也有着无数的付出与努力。七中没有超人，只有超人的意志。七中的同学们也和我们一样在为自己的未来努力拼搏。学习之余，七中同学们会参加丰富多彩的社团活动。看到多才多艺的他们，我心中不禁产生了一种差距感，也坚定了让自己变得更优秀的决心。

回到生活了十几年的小县城，我梦想着走出去，去往更大的世界。每当遇到困难时，想想美好的远方，想想自己曾经遇见过的美好，总能给我一丝慰藉、一缕希望。3 年里，网校带给了我太多太多。感谢七中网校的老师和同学，你们为我的高中生活添上了浓墨重彩的一笔，也给我留下了一段难以割舍的美好回忆。2018 年夏天，我也如愿走入了梦寐以求的清华园，走到了这更大的世界。对网校的这份深厚感情，会陪伴我一直走下去。

重庆市綦江中学 2015 届网班学生邵佳豪说：

高一结束后的那个暑期，成都七中网校筹划开展了第一次励志夏令营，我有幸参与其中。正是这次夏令营，让我能够前往成都七中，实地领略其人文风采、观看其优雅的学习环境，也有机会去到北京，踏入北京大学、清华大学校园，增长了见识，坚定了奋斗目标。

当来自所有网校的同学齐聚成都七中后，领队老师们对这次夏令营进行了周密安排。当天傍晚，老师们便带领我们乘火车前往此次夏令营的目的地——北京。有些同学有疑问：为什么选择火车而非飞机作为交通工具？老师们对此进行了解释：带学生参与网校夏令营，目的是增长见识，扩展知识，树立大志，而非进行一次舒适的旅游，同时，网校同学中大多来自边远山区，火车作为交通工具更合适。

到达北京后，我们的第一站就是万千学子的梦想殿堂——北京大学与清华大学。暑期的北大、清华校门前人头攒动，然而校园内却清幽静雅，燕园内那温婉传统的中式建筑、清华园中那庄严肃穆的西式建筑，以及两所高校中意气风发的学子，都深刻地烙印在我们一众人心中。在之后的日子中，我们在庄严的国歌声中凝望着国旗缓缓升起，在国家博物馆中找寻历史的足迹；漫步故宫、颐和园，领略皇家的雍容大气；攀登八达岭长城，感受古人独特的匠心；前往卢沟桥，铭记落后挨打的历史；置身北京科技馆，体会人类共同的进步；游历奥林匹克公园，回想那久远的大众的狂欢。博闻广知后，我们再次回到成都七中，往日只能在直播中看到的直播班班主任阮老师意外现身，为我们讲授课程，让我感觉自己也是七中的一分子。通过此次夏令营，我们不仅增长了见识，还感受到了远端学校与七中之间深厚的感情，并在心底牢牢树立了未来奋斗的目标！

成都市新津中学 2015 届直播班学生彭高说：

除了前端老师，我还要感谢东方闻道的教务老师——小溪老师和馨以老师。每学期，她们都会到远端学校和我们交流。暑假我们有幸参加了网校组织的夏令营，一路上，两位老师也把我们照顾得很好。她们在我遇到困难或者失去斗志的时候鼓励我，同时也让我感觉和网校没有那么生疏。

高一暑假，网校组织了一次去北京游学的夏令营活动。活动中，我与剑门关的同学一起玩三国杀，和雅安的同学打麻将，听他们唱跑调的小情歌，也在火车上无聊呆坐。最后结束的时候，我意识到，无论教学的前端老师还是处理网校事务的老师，都一直在努力地"教导"我们，就像一个大家庭一样。考试之后会有一份详细的报告，我发现，过了一学期老师还是能叫出我的名字。她们在我迷茫的时候帮助我，在我开心的时候陪伴我，我会一直记得她们。

眉山市仁寿中学网班学生吴玉莲说：

2013 的夏天，高一的暑假，我参加了七中网校组织的夏令营。记得当时因为妈妈没办法支付夏令营的费用，我差点没去成，后来学校给予了一些帮助，我才踏上去北京的路。具体的活动已经记不清了，我只记得自己去了北大和清华，也看到了鸟巢和水立方。印象比较深刻的是在北大校园未名湖旁的树林里面看到一只松鼠，我当时觉得这真是一个可爱的地方。很惭愧地说，我当时并没有生出要立志考上北大或者清华这样的豪情壮志，因为我知道自己即使拼尽全力也考不上。但是整个过程很愉快，我结识了两个很好的朋友，虽然夏令营结束后，我们都没有机会再见面，但我跟其中一个女孩在很长一段时间之内都会互相写信鼓励彼此。而另外一个男孩，我们现在还是会不时交流自己的近况，我期盼哪一天重聚，我要请他吃一顿火锅。

夏令营这段经历给我最大的收获就是认识了一群可爱的男孩、女孩，我们谈天说地，畅想未来。不管后来我们有没有再联系，但一起在北京留下的回忆也是我艰苦高中生活中的美好片段。

第四节　网校开阔视野，鼓励学生突破上限

教育的目的是帮助人们收获人生的果实，教育的责任是挖掘人的潜力，教育的使命是提升人的尊严。

——可汗学院创办人萨尔曼·可汗

　　《这块屏幕可能改变命运》引起广泛热议后，文中对七中网校模式改变边远地区学生升学率的描述，让很多人看到教育的力量和另一种可能性，但也引发了一些人的质疑。远端学生真的都能考上名校吗？高考成功就意味着命运改变吗？

　　也有专业学者指出，当今信息化教学这块"屏幕"引入一般教学之后，一批学生确实因取得前所未有的"高考胜利"而"改变命运"。这种教学虽有缺陷，却能在一定程度上弥补师资短板，再加上优化生源管理，高考增值增效也是水到渠成的。但到底是学校的"精英教育"还是学生的"艰苦奋斗"抑或"信息化教学"在改变学生命运中发挥决定作用很难言判。巴班斯基讲过："教学过程中需要的不是一套套方式和方法，而是一系列影响，这种影响既可以作用于学生的记忆、思维和感情；又可以引起学生欢乐、愤怒、痛苦、惊异和同情的体验。"对于"命运改变"来讲，"屏幕"增补的是物质资源，受教育者情感的"虚空"或难以此弥合，要承认信息技术在教学中的正向价值，同时也要正视技术引领教学改革其短板的真实存在。①

　　面对争议，很多曾经的成都七中网校学生纷纷留言，用自己的亲身经历为七中网校的教育影响作证。

　　"高中三年，我透过这块屏幕看到了五彩缤纷的世界，便想着有一天能出去看看。我不知道这块屏幕是否改变了我的命运，我只知道它让我看到了这个世界上还有这么多有趣的人和事。"

　　"感恩网校，希望网校越来越好，让更多贫困地区的孩子通过努力也可摘星辰。"

　　笔者写作本书时，访问了一些网校毕业学子，他们对成都七中东方闻道网校的作用和价值给予了高度肯定，并且强烈地表达了对网校的感激之情。但这份感激中，最重的不是网校让他们的成绩逐步提高，高考考上了理想的学校，而是网校为他们打开了世界，改变了他们的习惯、思维，进

---

① 赵冬冬，朱益明. 信息技术引领教学改革及其辩正——兼议"屏幕改变命运"[J]. 中国电化教育，2019（11）：41—48.

而才影响了之后的人生选择。

重庆市綦江中学高 2014 届直播班学生赵久霞，现就读于西安交通大学电气工程专业，她表示分数绝非七中网校给予自己的全部。

高中岁月，七中网校能够带给我的，是高强度的学习，是扎实的基础，是挺不错的分数，是在高考中较为理想的成绩；上了大学，我常常嘲笑自己当初意识之浅薄。七中网校带给我最重要的，是综合素质的提高——分数只是其中极为微小的一部分罢了。

很多人认为上了大学就可以不用好好学习了，很多人说上了大学就该好好休息，混个文凭。然而，是七中网校的教育，让我认识到大学学习的重要性。坚持课前预习，课上带着疑问听课，课后复习及认真完成作业，这真的是这么多年来我觉得最简单、最朴实，同时也是最有效的方法了。正是在七中网校的学习中，我把这种方法逐渐养成为自己的习惯；正是这种优秀的习惯，让我能够厚积薄发，能够在学习上游刃有余，能够在大一学年取得专业第二的成绩。谢谢七中网校！

凉山州盐源中学龚国仙说："成都七中网校给予我们的，除了优质的教育资源，更重要的是打开了我们的视野，这对于教育落后、信息闭塞地区的学生非常重要。"

高一时，在一堂班会课上，老师让我们写下想考的大学，我写的是四川大学。当时，家里人给我定的目标也是四川大学——我们心目中四川省最好的高校。而清华大学，那是全国顶尖的学校，是我可望而不可即的。别忘了，西昌一中的那位老师还说我努力就能考上二本呢，而每年盐源中学一千多名学生中，能考上一本的也不过十几个学生。但后来，随着学习成绩的不断提高，网校学长们的录取通知以及网校老师不断潜移默化地提醒我们视野要更广阔，让我觉得自己有机会冲一冲。高三时，我正好遇到了清华大学针对贫困地区推出的"新百年自强计划"，得益于此，我来到了清华园。

大一刚到清华园时，我非常不适应这种高强度的学习节奏，听课也很难跟上老师的思路，我仿佛又回到了高一刚开始适应直播教学的日子，非常痛苦，一度在想："我为什么要来这里？我和其他人的差距太大了……"一学期下来，我就像又重走了一遍高中3年。但也正是高中3年不断的受挫打磨，培养了我的抗压能力。现在回想起来，那些打击对我们非常重要，就像是铸剑，从来都不是一蹴而就，而是在不断的淬火与打磨中慢慢成形。而且，这也为我来到清华，适应这里高强度的学习节奏打下了基础。

除了对学生的提高，七中网校给远端老师的帮助也很大。我现在还记得上物理课时，不但学生在听讲，盐源的老师也在认真听，甚至听得比学生还认真。老师的这种言传身教，比讲课更能触动学生。我们学到了很多优秀的学习方法，远端老师也学到了很多优质的教学方法、理念，应用到学生的日常学习中，很有效。

另外，我高中的班主任，从成都七中的教育模式里认识到了锻炼的重要性，所以我们班从高一开始，每天下午都会到操场跑步，就这样从高一跑向了高三。这些细微的改变，短时间内或许很难去量化它的作用，但当我们进入大学再回想起来时，才发现它的影响是非常深远的。

感谢网校培养了我自学的能力，听不懂的地方，我就主动找老师问。考试周期间，每天晚上复习得精疲力竭时，我都会到操场顶着严寒跑步。高中延续下来的习惯陪伴我度过了这一段艰难的时期。

在接触到七中网校以前，我的眼里只有自己家乡的那一小片地区，但在这些地区，就算考了第一名，可能也上不了一所好大学。高考到底意味着什么，其实当初我们并不清楚，直到坐在直播班的教室里，听到前端老师说，此时此刻全国同时有上万名同学在听这堂课，才开始让我对高考、对竞争有了更直观的认识。之前的我，就像井底之蛙，不知道外面的天空有多大，而七中网校把我们从井底拉了出来，放在广阔无垠的天空下，告诉我真实的世界到底是什么样子的。

宣汉县南坝中学2018届网班学生李海霞表示，七中网校是助她起飞的风。

高中教室里那条"选择成都七中，就选择了一条艰苦奋斗的成功之路"的标语或许早已被取下，我们当时给黑板划分的"明日预习"和"今日作业"也已经被擦掉了吧。但是高中3年，网校带给我的体会却如此真切、如此深刻。不仅仅是学业上，我的思想上也有了很大的改变。这段经历让我从一个什么都不敢想的人，变得开始向往外面的世界，开始憧憬更广阔的未来，有了怀揣梦想的勇气，并愿意为之付出努力。同时，它也让我真正相信一个词：天道酬勤。从前的我是从来没有想过今天能坐在清华大学图书馆里学习的。这个世界啊，真是有无数的可能，只要足够努力，它就会给你腾飞的空间——而七中网校就是助我起飞的风。

云南省宜良一中直播班学生薛智佳表示，网校赋予了他追求卓越的行为惯性。

如果没有进入直播班，我大概会轻松地过完高中3年，高考成绩可能会低三四十分，但最后也能考上国内排名前十的大学，听起来似乎也不差，然而这是一个平庸的剧本。从精神意义上讲，直播班改变了我的人生：若非直播班给我提供更高的参照坐标，若非七中教会了我自主学习，高中三年，我就不能充分释放出自己的能量，这三年就会变得像做了一次肌肉不会酸痛的锻炼，不会在我的人生中留下印痕。高考离我已经很远了，对现在的我来说，重要的不是那多考的40分，而是拿下这40分的过程，它赋予了我追求卓越的行为惯性，为我实现之后的人生目标提供了不竭动力。

但我们同时也应该看到，中小学教育是高度个性化的。每个学生禀赋不同、优势各异，心理状态和所处的微环境更是千差万别。直播教学提供的优质资源本身只能提供一种让学生更好发展的可能性，而这种可能性能否实现，和直播教学与线下教学是否相适应，和整个教学过程中学校、教师是否有足够多的办法去适应学生的个性化需求都有关。很多情况下，直播的统一化和学生需求的个性化这一对矛盾并没有得到很好解决。也正因为如此，很多批评者质疑直播教学的意义，但我认为大可不必。回想当年直播教学刚开始时，老师们尚且能够通过自己的努力使直播教学更适用于自己的学生。十多年后的今天，我们已经积累了丰富的经验，还有新技术的加持，只要教育者有意识、有毅力去做适应学生的个性化调整，何愁不能让直播教育更好地造福学生？

成都市新津中学 2015 届直播班学生彭高觉得，网校促使他树立了远大理想，并促使他奋发向上，为实现理想而更加努力，突破了设定好的"平淡人生"。

以往，我是一个比较"懒惰"的人，觉得事情做到"还行"就可以了。因为成绩不错，觉得自己考上一个川内比较好的本科学校应该问题不大，所以整个高中时期比较没追求。但是，有两件事深刻地影响了我。第一件事是东方闻道的小溪老师和我谈话，她鼓励我要树立远大的理想。第二件事是高二时，成都七中经常邀请知名校友举办讲座，某次生物课上，我的生物老师说："要是有一天你们能被邀请去举办那个讲座，然后能让我坐在VIP（贵宾）席上，我会非常自豪。"不知道为什么，每次想起这句话，我的心中都会生发起"有一天我要作为优秀校友去七中开讲座"的想法。

这两件事在我心中埋下了远大志向的种子，这些种子促使我选择了四川省外的学校，并在大学期间不断尝试新的事物，不断突破自己的舒适圈。

同时，高中时参加七中网校征文大赛，我获得第三名。这让我对自己的写作水平充满前所未有的信心，因此，直到今天我仍然保持写作的习惯。

除此之外，远端语文课讲《论语》以及诸多古文的场景给我留下了非常深刻的印象，这些场景是我高中最美好的回忆之一。能够听到如此高质量的课，直到今天我都觉得自己是幸运的。

所以我认为，如果不是就读于网班，我可能就会选择川内的学校，度过之前设定好的"平淡人生"，我也不会养成坚持写作的习惯。另外，因为有幸聆听过成都七中优秀的课程，进入大学后，我并没有那种"来自小县城"的自卑感，因为，虽然我来自县城的高中，也没有丰富多彩的高中生活，但我内心觉得"我享受了和七中相似的教育"。网班给予了我一定的成都名校归属感，这份归属感让我能够更加自信地在大学生活中展示自我，尝试新事物。

仁寿中学网班学生吴玉莲表示，七中网校除了把教学资源带到远端学生的身边，更重要的是营造了一种上进的氛围。在这样的氛围里面，来自不同地方的同学都在想着如何去克服当下的困难，比昨天的自己更进步一点。在自我驱动力之外，这样的氛围也驱使远端学生中的很多人达到了更高的目标。对于那些原本可能不够优秀的同学来说，尤其如此。而通过这样的过程所带来的最直接的收获——高考分数，给远端学生的人生带来了显著的不同。

从学习方法上说，我觉得网校的老师们都有一个特点，那就是讲系统。记得上课的时候，几乎每一个老师都展示过在一张空白的 PPT 上面延展出一整块知识的教学模式。3 年的引领与模仿，让我也养成了系统化思维的习惯。不管是大学时期需要短期内做出来的展示，还是工作之后需要完成的项目报告，首先建立框架都是我不变的原则。

从学习态度来说，3 年的时间，我经历了很多困难，在对自己失望的时候也流过很多眼泪，但即使是对于我比较弱势的科目，我也努力到了高考前的最后一刻。这样的过程锤炼了我不放弃的学习态度。即使时间已经很紧迫，即使再努力可能也比不上别人，但是只要自己还能学一点，我就要继续向着目标前进，哪怕实现不了，起码能让自己不后悔。

那段艰苦奋斗、不言放弃的时光，也是我生命中的高光时刻。我知道自己曾经达到过那样的极限，所以在遇到新的挑战时，也能调动出更大的能量，用更好的方法去应对，这是网校模式给我带来的更长远影响。

大三时，因为各种因素我放弃了保研，之后一直在各类企业实习，从外企到事务所再到房企。在事务所实习的时候，一个年审项目遇到了学校的期末考试，时间很紧。每天晚上 11 点下班后，我还要看书复习。那个时候，我感觉好像找回了高中的自己，即使脑海里有一个声音在说"差不多就行了"，但最后总有另一个声音告诉自己："既然还有时间，就再努力一下吧！"就这样坚持了下来。

　　成年之后，我逐渐明白，每个人都有自己的极限，有些人终其一生也达不到别人轻轻松松就能达到的成就，这其中有着多方面的原因。但是从高中到大学，再到现在的职场女性，我一直在追求做更好的自己。"要比自己更优秀"，这就是七中网校让我领会的意义。

　　从这些已毕业的网校学生的叙述中，我们能感受到，与其说"屏幕改变命运"，不如说那块屏幕更像一扇窗户，让无数边远、贫困地区的学生透过这扇窗户，看到了教室外的世界有多么广阔，人生的可能性有多么丰富，自己的潜力有多么深厚，由此激发了他们向更高处、更远处前进的理想，促使他们勇敢地突破自己，迈向不设限的人生。

第五章

『启迪有方』的名校担当

教育向美而立，期待美好，与美好相拥。为边远、民族地区学校的学生提供远程教育，可以使他们和大城市的孩子一样，享受优质教育资源，好比为他们打开了世界之窗。

　　2014 年 3 月 25 日上午，在成都七中音乐厅，时任美国总统奥巴马夫人米歇尔·奥巴马与现场的 800 名学生和通过远程直播上课的上万名师生分享了自己的成长故事。她还走进高一直播班的教室，与同学们同上一堂英语课。除了直播班的同学，外地两所学校——温江二中和仪陇中学两个班的 100 多名高中生也通过视频与米歇尔进行了实时互动。

　　在直播课堂上，米歇尔·奥巴马——这位成长于美国芝加哥一个普通的工薪阶层家庭的总统夫人说，不管家庭经济如何困难，她的父母都十分重视子女教育，坚持让米歇尔和哥哥上大学。米歇尔本人也很用功，上高中时为了多学点东西，有时甚至早上 4 点半或 5 点就起床。她激励年轻学子珍惜和利用好现在拥有的学习机会，因为人类正面临巨大挑战，包括改善环境质量、阻止疾病传播等，需要每一个人肩负起责任。"世界比以往任何时候都更需要你们的才华、创造力和能量。"米歇尔说，"你们很幸运，有机会在这么美好的学校接受教育。"

　　2015 年 11 月 8 日下午，"大数据之父"维克托迈尔·舍恩伯格教授莅临成都七中，出席"与大数据同行——学习与教育的未来"主题报告会。成都七中东方闻道网校当时面向四川、云南、贵州、甘肃、山西、江西、广西、重庆等 7 省 1 市 211 所学校、1 000 多个班级的 6 万多名学生进行了现场直播。

　　舍恩伯格教授详细了解了全日制远程直播教学的呈现模式、保障机制、七中与网校共同协作、常态开展的协作型未来课堂教学及协作型翻转课堂教学后，非常激动地说："Good，really good!"他对成都七中东方闻道网校的全日制直播模式和巨大规模感到惊讶和惊喜："今天听讲座的人数比到现在为止听过我讲座人数的总和还多。"

这两件事对成都七中本校的学生来说并不稀奇，学校从办学以来接待过多国教育代表团和政要来访，国际交流非常频繁，但这对于其他边远地区学校来说却是"百年难遇"。200多所远端学校的数万学子拥有了与米歇尔、舍恩伯格之类世界级人物"面对面"的机会，这在过去不可想象。

"全日制远程教学本质上是一种大规模教育。"张杰夫说，在信息技术的影响下，教育已经从"师徒制教育"时代、小规模教育时代走进了大规模教育时代。从更宽泛的领域来说，从小到大、从点到面，教育在技术的帮助下，最终会从单纯学校教育走向终身教育、全域教育。

"学校已走入3.0时代。"2019年12月，在成都七中第41届教育研讨会暨网校第16届教育研讨会上，上海市电化教育馆馆长张治认为，成都七中办学历史就是从适应农耕文明的学校1.0时代，经过适应工业文明的学校2.0时代，现在将走向适应信息社会和智能时代的学校3.0时代。"海量的信息知识、信息对称、个性和创新成为时代的标志。学习不再是生存需要，学校概念越发模糊化。教师、学生的角色边界不清，跨界成为常态，人工智能无处不在，学校概念将发生颠覆。"张治说。

115年前，由"墨池书院"改建的"成都县中"（成都七中的前身）就是小规模教育走向大规模教育的社会改革和创新的产物。115年来，学校秉承"审是迁善，模范群伦"的校训，以"启迪有方"的姿态，一直行进在探索学校的样态和教育的边界的路上。

第一节　前端的名校密码

在全日制远程教学模式系统中，成都七中东方闻道网校是整个系统的构建者、运营者，但其核心竞争力是"前端"：成都七中。

为什么是成都七中？为什么成都七中能以18年的坚持，完成全日制远程教学模式的探索和发展？百年老校旺盛的生命力来自哪里，还将走向哪里？学校的办学基础根植于政治、经济、文化的时代土壤，源自其"根"，办学有"魂"，行动有"勇"，发展有"情"——仔细梳理并理性看待成都七中的办学历程，我们认为，有四大特质让成都七中勇立在西部教育乃至中国教育潮头浪尖：

一是它具有"学圣"扬雄传统文化之根，二是它具有科学民主变革之魂，三是它具有引领时代先锋之勇，四是它具有教育公平均衡发展之情。

成都七中能成为引领300多所中学的"前端"，不仅仅是因为它是一所国内著名、国际知名的百年名校，在115年的积淀中形成了"启迪有方、治学严谨、爱生育人"的办学传统和着眼整体发展、立足个体成才和充分发挥学生的主体作用的"三体"教学思想；也不仅仅是因为成都七中是全省首批重点中学和教育部国家级示范性高中建设项目样板学校，它的办学质量是有目共睹的；更不仅仅是因为它具备"优质教育资源"的重要元素——优质的课程资源、教师资源、制度资源、文化资源、物质资源……还因为更多看不见的东西。那么，成都七中是一所怎样的学校呢？

一、根——源于"学圣"扬雄，从"墨池书院"起步

清末，成都有四大书院，分别是墨池书院、芙蓉书院、锦江书院、潜溪书院。墨池书院位于成都青龙街的墨池，当年是扬雄为文作赋时的洗笔处，子云亭亦建于其侧。重文尊贤的成都人自宋代始即在其故居旧址兴建学堂，名之曰墨池书院。"墨池书院"这一名称对于成都七中意义重大，标志着七中精神和文化源头。

扬雄，字子云，蜀郡成都人，是我国西汉时期的大学者。唐代诗人刘禹锡的《陋室铭》说："南阳诸葛庐，西蜀子云亭。"其中"子云亭"指代的就是扬雄居住之地。把"学圣"扬雄和成都七中的根联系在一起的是成都七中校友、四川省社会科学院研究员查有梁教授。

（扬雄）少年好学，博览多识，沉默好深湛之思。不美慕富贵，不戚于贫贱，不趋炎附势，是一位具有独立意识、矢志向学的学者。扬雄强调知

识的重要，他说渡海须用舟，乘舟须用楫，要不迷失方向，须有知识。他提出了"尚智"的观点，强调智德在人类生活中的重要作用。扬雄提出了人性"善恶混"的学说，认为后天的修习锻炼是人为善为恶的关键，主张加强道德修养。①

虽然扬雄是几千年前的古人，但是绵延不断的中华文化从不曾断流。查有梁说，扬雄将"易学""儒学""道学"兼容，其治学精神是永不满足，体现出"学无止境"。这些思想直接滋养了成都七中的办学文化和学风、教风、校风。

"一所卓越的学校，必有学术的传承。可以类比为'基因'，具有'遗传'的成分。我是成都七中校友和家长，我的亲身体验是扬雄的'学圣'精神，即'勤奋、审是、迁善、精深'的学习精神，以及'学问思辨行，智慧集大成'的学习方法，或隐或显，从古至今，一直传承。通过统计成都七中历届毕业生中从事学术工作的人数可知：'学圣'基因，遗传至今。"查有梁在《论"学圣"扬雄与成都七中》（发表于 2019 年第 1 期《教育史研究》）中仔细分析了扬雄的学术思想与成都七中的关系。

1905 年，正是全国"废科举，兴新学"之际，成都县以龚藩侯为首的一批缙绅、学者等社会贤达，将纪念扬雄的墨池书院、芙蓉书院一部分改建为"成都县立高等小学堂"，这就是成都七中的前身。

二、魂——持"科学民主"之炬，为中华之崛起而努力

成都县立高等小学堂设立于推翻清朝专制帝制、建立共和政体的辛亥革命时期。在中华民族救亡图存之时，知识分子传播了科学民主的理念，极大地推动了中华民族思想解放，以巨大的震撼力和影响力推动了中国社会变革。教育救国运动蓬勃兴起，将旧式"书院"的传统文科教育转变为

---

① 中国大百科全书：第 26 卷 [M]. 2 版. 北京：中国大百科全书出版社，2009：26—27.

新式"学堂"的学科教育的探索在成都开始发端。1907年，成都县立高等小学堂升为4年制中学，正式命名为"成都县中学堂"（简称成县中）。

成都县中学堂的教师有的是前清举人、进士、翰林、国学大师，有的是留日回来的学者，他们是当时成都新旧两个时代最为杰出的知识分子，是一群既崇尚孔孟大同理想和民贵君轻思想，又深谙张之洞等人"忍辱负重"向西方学习的精神真谛，赞同变法维新、信奉科教救国的优秀知识分子。他们中的许多人长期在成县中执教，努力完成了历史赋予的"兴教"任务。

1906—1918年执掌成县中的校长刘辛甫提出了"酌古准今，阐扬学界；明体达用，陶铸国民"的办学宗旨。刘辛甫任职期间，学校逐渐具有了近代中学的意义，不仅在规模、设施上扩充了，并开始严格实行赫尔巴特的"三中心""五段教学法"。

1919—1935年，执掌成县中的校长是龚向农、裴中亮、周遭和吴照华。当时的教师大多曾师从蔡元培、吴玉章、张澜等大师级教育家，受过先进的教育思想培育、熏陶，既有深厚的国学功底，又有广博的现代科学知识，大都能较好地把传统教育的精髓与现代教育思想结合起来，拉近了教育和"民主与科学"的距离。

成县中的办学史和中华民族救亡图存的历史紧密相连，其办学思想也抓住了"国难当头"的关键。1931年，学校改名为"成都县立中学校"。1934年，学校顺应全校师生的爱国激情，制定了《国难教育纲要》，向学生提出了"为学"与"做人"的更高要求。第七任校长、著名教育家吴照华实施"网罗大家、思想自由、兼容并包"的办学原则，不少学界名流，德才兼备、成绩卓著的大家都是经他聘请而来且大多长期执教于成县中。

"九一八"事变以后，吴照华在校园内对师生作抗日宣传，并组织了一支200余人的"学生救亡义勇军"，随即向上级要求增设军事课程，请教官进行军事教学、操练、野外演习和实弹射击，随时准备上战场。此举促成了政府在全川各中学正式开设军事课程并派遣教官。

田家英，四川成都双流人，曾担任毛泽东主席秘书18载，曾任中共中央办公厅副主任和政治研究室副主任，是成县中初40班的学生，在成都七中求学一载。

1936 年秋，田家英以第一名的成绩考入成县中。当年下半年，他加入中国共产党领导的进步团体——中华民族解放先锋队和"海燕社"。在进步青年组织中，田家英开始接触马克思列宁主义。《大众哲学》《从一个人看一个新世界》《共产党宣言》等讲述的新鲜道理、新的世界，使田家英眼界豁然开朗。他经过阅读和结合现实思索，明白了要建立平等、富裕、幸福的社会，只有走《共产党宣言》指引的路。到延安去，做一名共产党人，成为田家英的向往。田家英与志同道合的朋友筹钱创办进步文学刊物——《激光》，他在创刊号上发表散文《怀念》《手》等。他在文章中说："自己生活在泥泞里，我在不断挣扎着。""有两只黑手，一只紧紧掐着我的喉咙，另一只蒙着我的眼睛。不让我看到光明，斗争再次失败了。我要贮蓄我的生命力，准备做第三次斗争。"

成县中培养了一批像田家英这样好学敏思、忧国忧民、洁身自爱、不慕名利，以天下为任、以苍生为念，为我国的抗日救亡和民族解放事业做出了巨大贡献的进步青年。

1938 年、1939 年的全国大学统考，成县中参考学生的总平均分分别为全国第一名和第十名。1940 年 6 月，时任"教育部长"陈立夫签署教育部训令，题颁"启迪有方"四字斗方，以资激励。"启迪有方"从此成了成都七中保持至今的办学传统。1994 年，在成都七中建校 90 周年前夕，94 岁的陈立夫再次为成都七中题赠翰墨："大而能容，刚而不屈，中而无偏，正而远邪。斯四者，为中华民族之特性，亦即学校培育青年之德性也。"

抗日战争时期，成县中在战火中办学。1939 年 9 月，为避日寇轰炸，学校迁到成都西郊茶店子临时修建的简易校园中。1940 年迁至银桂桥包包店（现西南交大附近）。当时条件异常艰苦，师生们住的是上下通风的草房，每人用一个四寸高的小油灯照明。学生在艰苦的条件下，为"中华之崛起"而努力勤奋求学。

1941 年 1 月到 1946 年 2 月任第九任校长的张佐时，在民族危亡催人奋起的时代潮流中，在学习和生活条件都很艰苦的环境中，看到了师生对民主、科学、自由的强烈要求，采取了"严格而不死板""宽松而不放任"的管理原则。学校两三个人便可成立一个"社团",于是校园里满是白话文、英文的墙报、壁报。

1946 年春,周开培成为第十任校长。周开培更多地考虑了办学的"人本位"问题,刚上任,便"接受舆论建议,招收自费班",并免除贫困家庭学生全部费用。到 1949 年,在校生人数达到 1 086 人。

1949 年 12 月 30 日,成都和平解放,成都县立中学也步入新的阶段。成都七中的创业者们就是在这样一个时代,在以天下为己任的使命感和责任感中,在动荡的时局里执着坚守着"启迪有方、治学严谨、爱生育人"的办学传统,这种传统永远激励着七中的后来者。

三、勇——"成都中学",担当引领时代先锋

1950 年,成都县立中学与成都县立女子中学合并,组成新的成都县立中学。1952 年,成都县立中学更名为四川省成都市第七中学,并被确定为省重点中学之一。1954 年,学校迁至磨子桥,即今日之成都七中(林荫校区)。

在那个特殊的年代,将学校迁建大事交于学生来办理,成都七中体现出敢为人先的勇气和自信。原成都的县立中学初 66 班、高 34 班学生张纯清回忆:"1952 年,老师们进行'思想改造',学校的教职工全部集中在省二中封闭学习。当时学校还有很多事情要做,如建校、扩展校园、修建礼堂等,怎么办?当时的校长刘文范就将学校的全部事情交给我们学生会来做。我是学生会总务股长,所以就分管学校总务处的全部工作,既要管学校,还要当会计。办公地点就在墨池图书馆楼下的办公室内。另外还找包永林同学担任购房小组组长,他下面有多少人就记不清了。他算是我的一位得力助手,他负责购买青龙巷靠学校那边的居民住房,还负责居民的搬迁工作。"

"我当时只是一个 15 岁的普通初中学生,真是不知天高地厚地接下了这份工作,直干到老师们'思想改造'学习结束,才将工作交还给学校……一个普普通通的初中生能够挑起这副担子,还不是有刘文范校长这样的领

导，才会有这样的事。"张纯清至今还保存着当年开支用的一枚私章。"这枚印章不知为母校建设开出过多少钱，所以这章我至今还珍藏着，算是留一个纪念。"他说。

1954年5月到1979年9月，成都七中的主要负责人是毕业于武汉大学哲学系的解子光。1955年，成都七中开始在学生中发展党员，学生学习热情高涨，校园里一派盎然生机。原云南省省长徐荣凯就是成都七中最早的一批学生党员，他担任过清华大学学生会主席、北京市学联主席，是成都七中优秀学子的代表。徐荣凯、徐荣旋兄弟2018年为七中谱写校歌《七中儿女凌云直上》。他回忆说："一生中工作了许多岗位，但在七中的教育，一辈子都受用。七中的教育，像一颗种子，最终要发芽、长叶、开花、结果。"当时，校长解子光提出并践行："为学，要博雅而严谨；为人，要把持住义利之辩；归到品格，则力戒浮躁、极反媚俗。"这一价值观成为七中人的信念和精神气质。

1955年，成都七中被指定为成都市唯一"接外"中学，先后接待了苏联教育代表团、瑞士教育代表团、日本记者代表团、美国教育代表团以及法国驻华大使佩耶，国际交流非常频繁。1956年，学校提出培养目标：身体好、功课好、品行好，成为社会主义全面发展的成员。

这段时期，学校大力鼓励教师进取成才，明确提出"不当教书匠，要做教育家"的口号，着力培养专家学者型教师。1977年，成都七中被省教育厅确定为"首批要办好的重点中学"之一。

改革开放以后，成都七中迎来了新的历史时期，但其"领跑成都"的办学定位没有变，在教育思想和学校内涵式发展上，开风气之先，在省内率先进行教育改革和教学研究活动。

1980年恢复高、初中各三年的学制后，七中随即开始新教材的引进和试用。首先是引进了根据美籍华裔数学家项武义教授提出的"关于中学实验数学教材的设想"而编写的《中学数学实验教材》（初中部分）和外语教材 *English This Way*，接着将这一做法拓展到了语文、政治等多门学科。

校长杨礼在制订1983—1986年及1983—1988年的发展规划时，对成都七中的定位是"为社会主义建设培养各类高层次人才全面打好素质基础，培养有个性特长的和谐发展的人"。至此，七中的办学宗旨从教育内涵到教育目标，再到教育技术和手段都有了一定的发展，因材施教，因势利导，分层推进，分类指导，尽可能实现教育的个性化，发展学生健康向上的个性品格和兴趣特长，力戒平均、平庸发展，激励、促进单科、单育冒尖，实现"主体性教育"，在教育过程和方式上致力于培养学生主动进取、自觉自立的性格品质，不断地激励学生的创造热情，促进成功。

20世纪90年代初，校长戴高龄把七中新时期以来的办学经验总结为"着眼整体发展，立足个体成才，充分发挥学生主体作用"的"三体"教育思想。

校长王志坚在2000—2005年五年规划中，明确"三体"教育的精髓是"以人为本，重在发展"，并引入"三创"教育思想，即"强化创新意识，培养创新精神，提高创新能力"，从而进一步明确七中的办学宗旨：把七中办成现代化、高质量、有特色的国内著名、国际知名的一流学校，教育改革实验校和素质教育示范校。

几任校长的定位高远、思路清晰，彰显了引领时代先锋之勇气和魄力，促进学校迅速发展。2000年，成都七中被四川省教育厅评定为首批国家级示范性普通高中，并被教育部确定为国家级示范性高中建设项目样板学校。2010年，高新校区开校，"林荫精品，高新卓越"的一校两区格局形成。2013年，成都七中被评为四川省首批一级示范性普通高中。2014年，成都七中加挂"成都中学"校名。

四、情——为教育公平均衡发展，构建命运共同体

在成都乃至四川，成都七中不仅仅是一所学校，更是优质教育的代名词。新的历史时期，顺应时代发展需求，有赖于政策支持和上级部门的关心指导，成都七中在自身健康发展的同时，充分发挥优质教育的辐射带动作用，不辞担当，把握机遇，因势利导，在办学体制上尤其是合作办学方面积极探索，取得了优异的成绩。成都七中的品牌力量进一步彰显，一批由成都七中或领办或帮扶的"七系"学校应运而生，承担起推动和引领成

都基础教育发展的重任。

成都七中教育集团挂牌成立是在 2009 年 4 月。其实，从 1997 年起，成都七中就已经走出了探索合作办学、扶持领办薄弱学校的第一步。1997 年 5 月，在成都市教育局主持下，成都七中与成都三十五中共同承办"四川省成都市七中育才学校"（简称"七中育才学校"）。2001 年 7 月，成都市教育局批准，"成都七中育才学校（东区）"由成都七中和四川嘉祥实业公司联合办学，成为第一所依托成都七中联合办学的民办公助性质的学校。其后，学校又更名为成都七中嘉祥外国语学校（简称"七中嘉祥"）。2003 年，成都七中与成都高达投资有限公司合作举办"成都七中实验学校"；2008 年，又与高新区联合举办"成都七中初中学校"，同时支援灾后重建，在都江堰领办支持"成都七中八一聚源高级中学"和"成都七中聚源中学"。成都七中在上级部门的指导帮助下，在合作办学方面一次次的启航，将辐射优质教育资源、扶持引领薄弱学校发展的教育情怀付诸实施，变成现实。

通过多年合作办学的经验积累，同时也顺应教育改革和发展的趋势，落实促进教育均衡、城乡一体的战略，2009 年，成都七中教育集团正式成立，并成了各成员学校共同构建的学习共同体和精神共同体。

发展至今，成都七中教育集团共有 13 所成员学校。

成员学校根据龙头学校与各个成员学校的关联性质共分为领办型成员学校［领办型成员学校指由成都七中派出校长（由相关部门任命）的学校］、指导合作型成员学校（指导合作型学校指使用七中品牌的学校）和对口帮扶型成员学校（对口帮扶型学校指由七中输出管理和办学思想，不使用七中的品牌，但接受七中指导的学校）三种类型。

在成都七中的帮扶带动下，各成员学校持续健康发展，均已成长为市级或区级名校。七中育才、七中嘉祥、棕北联合中学等更是在保障自身优质发展的同时，成立了二级教育集团，积极发挥发展引领和辐射带动作用，为成都乃至四川的教育发展贡献应有的力量。

然而，在构建学习共同体和精神共同体的过程中，仅仅把优质资源辐射到成都周边的十几所学校是远远不够的，成都七中肩负着促进更广范围内的教育均衡、教育公平的重要历史责任。

党的十八大明确提出要倡导"人类命运共同体"意识。在国际社会，习近平总书记屡次表示，国际社会日益成为一个你中有我、我中有你的"命运共同体"，面对世界经济的复杂形势和全球性问题，任何国家都不可能独善其身。在国内，党中央把打赢脱贫攻坚战作为全面建成小康社会的底线任务和标志性指标，确定了精准扶贫精准脱贫的基本方略，全面打响脱贫攻坚战。2016 年，教育部等六部门发出的《教育脱贫攻坚"十三五"规划》指出，运用"互联网＋"思维，推进"专递课堂""名师课堂""名校网络课堂"建设与应用，促进贫困地区共享优质教育资源，全面提升办学质量，积极推动线上线下学习相结合，努力办好贫困地区远程教育。

坚持了 18 年的"全日制远程教育模式"就是成都七中为教育脱贫攻坚交出的最好答卷。2013 年 11 月，时任教育部副部长杜占元在亚太地区教育信息化高层专家会议开幕式上向来自世界的企业和专家推介成都七中网络课堂辐射民族地区模式（模式具体内容见第三章）。成都七中不断探索着让信息技术真正推动教学理念创新和学习方法的变革，2013 年开始了未来课堂的常态化教学，2014 年开始了翻转课堂的常态化教学，同时向信息化薄弱地区开放实践过程的资料和心得，引领薄弱地区借助信息化的力量实现教育教学质量的弯道超车。

如今，成都七中东方闻道网校远端学校已覆盖 10 省 2 区 1 市 301 所学校，直接受益学生近 9 万人，创造了学生成才、教师成功和学校发展的巨大社会效益。

第二节　远端的"领头雁"

在成都七中东方闻道网校系统中，前端是成都七中，而在远端有丰富多彩、遍布边远民族地区和城乡各地的三百多所学校，这些学校有不同的区域特征、发展历史和办学特色。很多学校还是当地教育的"领头雁"，教学质量和办学业绩在区域内处于领先水平。只是地理位置、传统理念的限制，阻碍了其走向卓越。如何让这些"领头雁"飞得更高，把教育理念和资源辐射到区域内更多的学校？

对于使网校教学达到教育均衡发展这个目标，成都七中并非站在道德和实践层面的"制高点"予以指导，而是在全日制开放教学的基础上，提供一个"中学教学的协作共同体"平台，彼此尊重、共同发展，让民族地区、边远山区和城市周边的学校都能找到适合自己的发展道路。

成都七中在对待远端学校上有几点认识。前任校长王志坚在题为《西部中学全日制远程直播教学协作探索》的文章中说："一是西部中学的教学资源不是'有'和'无'的问题，而是'提高'与'发展'的问题；二是成都七中所提供的开放式教育的落脚点应该定位在学生成才、教师成功和学校发展的总体效益上，而不是某一个方面；三是对开放式教学的设计，要着重解决'教学与提高'的矛盾，解决'走出去，请进来'的经济矛盾和时间矛盾；四是要着重解决长效机制，使教育教学资源的均衡化配置一直处于不断进行和完善的过程中。"

基于以上要素分析，成都七中的开放式教学进行了如下定位：①要建立一种中学教学的协作共同体，在这个共同体内，通过开放成都七中的教育教学资源，为共同体内学校建立完整的参照体系；②利用现代信息技术，将成都七中的课堂实时、完整地与成员学校共享，并共同完成对学生的教学任务和人才的培养目标；③让成都七中的课堂走入常规教学课堂中，在完成学生培养的同时，提供教师在职培训和提高的新途径，化解"教学与提高"的矛盾；④按照市场化资源配置的原则，建立协作共同体内成员学校的经济责任和教学责任机制，以保证协作活动长期有效地开展；⑤协作不仅仅停留在课堂教学，同时将教研、校园文化的建设列为重要的协作内容，以达到成员学校全面发展的目标。

成都七中和其他成员学校的基本关系为：利用现代信息技术手段，以共同完成学生培养为基本出发点，以共享成都七中课堂教学为主要内容，以远端学生与成都七中学生全日制同堂上课为主要手段，通过教学协作，达到共同体内教学理念、教学特色、学术研究、校园文化的互相融合，促进协作共同体成员学生成才、教师成长、学校发展。

一、民族地区学校：从"土路"走上"快车道"

在全日制远程教学模式中，"远端"不远，也不弱，他们并不是通常意义上的"薄弱校"，只是因地理位置偏远和社会经济发展相对滞后，与发达地区学校相比而显得"落后"。成都七中的"对口帮扶"让很多民族地区学校从过去的"土路"走上发展的"快车道"，实现了"华丽蜕变"。全日制远程教学促进了学校管理效率、教师专业水平以及学生的综合素质和学习成绩不断提高，让民族地区与发达地区学校在管理手段、队伍建设和办学业绩上顺利接轨。

2000年，甘孜州康定中学成为成都七中对口支援学校。2002年9月，康定中学在全省率先开通成都七中东方闻道网校远程直播教学模式教学班，规模由最初的1个网课班50多人发展到现在的三个年级19个班1 200多人。现在的康定中学规模很大，是集学前、小学、初中、高中、研训于一体、师生近5 000人的学校；也是全国藏区规模最大、质量最优的一流学校；是全国各地许多地区和学校来考察教育信息化工作的先进学校；是基本实现"全州基础教育窗口、全省中学教育名校、全国藏区教育典范"办学目标的学校。18年来，远程教育让康定中学的教学质量和教学管理实现了质的飞越，让民族地区教育走上了发展的快车道。

"我们过去在凹凸不平的'土路'上，像蜗牛一样爬行，现在一下子步入'高速公路'一路奔跑。不仅是教学驶上了高速公路，管理效率也立马驶上高速公路。"康定中学校长陈军这样比喻。

全日制远程教学，让康中教师的教学教研水平有了一个整体的提高。"这不是一块屏，这是一扇窗，是观念的窗口、知识的窗口、信息的窗口、技术的窗口、方法的窗口。""你看，我们天天都在接受七中培训。我们到一些大学听几天课，总有云里雾里的感觉。但是，我们老师看成都七中老师怎么讲课，从第一堂课到高三全部学完，三年下来就成为骨干教师。""听了七中老师讲课，再去教我们学校的孩子，水平就会井喷式提高。"远程教学给康定中学教师注入的"能量"，使康定中学的教师发生了脱胎换骨的转变。

一开始，课堂的变化给康定中学也带来极大的不适。老师们正课时间不亲自讲课了，也曾陷入过角色迷失的困境。康定中学管理层经过调查、讨论、研究，认为需为教师的角色重新定位，让教师更有自信与自觉，由教师转变为导师。

在新高考新课程背景下，康定中学构建起了新模式新课堂，在这种新型的学本位课堂上，教师是学习情况的掌握者、学习动力的激发者、学习活动的组织者、学习课堂的巡检者、学习过程的指导者、学习关键的点拨者、学习疑难的辅导者、学习水平的诊断者、学习结果的评价者和学习优化的促进者。直播教学课堂要求，老师不但要懂教，更要懂学，不能仅仅满足于以往怎么教得好，更需要懂得现在在直播教学过程中如何指导学生学得好。目前，远端学校的老师们在新一轮课程改革中的定位和认知并不弱于发达地区老师的水平，这和远程直播课堂教学给他们带来的自信分不开。

无独有偶，建于 1944 年，至今已有 75 年历史的凉山州雷波中学，在办学过程中有着光辉的历程、光荣的历史。但从 20 世纪 90 年代开始，随着老一批的教育工作者纷纷调走或退休，年轻教师顶不上来，教师队伍出现严重的"青黄不接"，师资形成断层，出现巨大缺口，学校面临人才资源严重匮乏的危机，教学质量呈现坍塌式滑坡，曾经出现过连续六年高考无人上省线的历史最低谷。那个时候学校面临教师成长慢、教学质量差的危机，发展陷入前所未有的困境，找不到出路。后来，学校在县委、县政府的支持下，大力改善了办学条件，采取了一系列稳定、留住人才的措施，然而收效甚微。2003 年 9 月，雷波中学与成都七中合作开展了全日制远程直播教学。"这对我们来说真的是雪中送炭。"校长徐华说。

经过 16 年的教学实践，雷波中学从校园环境到师生的面貌都发生了翻天覆地的变化。特别是 2012 年以来，网班教学日趋成熟，高考成绩长足发展，一年一大步，年年上台阶，实现了历史性跨越。学校得到了教师、学生、家长和社会的普遍认可和高度关注，在全县乃至全州收获了很好的声誉。以前，县内但凡有条件的家长都愿意将子女送到"成绵乐"就读，造成大量优质生源外流。现在，随着学校教学质量的逐年攀升，优质生源渐渐回流，还有很多其他县（如美姑、昭觉、金阳等）的学生不顾路途遥远，选择到雷波中学就读。吸引他们的不只是学校的教育教学质量，更重要的是学校拥有来自成都七中的优质资源。学校最显眼的两条室外标语便是"雷波中学网班 雷波人身边的成都七中""读雷波中学 享七中资源"。

对雷波中学的教师来说，最大的改变就是他们在跟着远程直播教学完成教育教学任务的同时，通过与远端教师的互动协作教学，取长补短，完成教师的自我培训与提高。听网课跟网课上网课、与远端教师师徒结对、到成都七中实地学习、七中专家到校指导等活动，大大提高了教师的业务水平，特别是实现了青年教师的培养，直接在本校就能实施。学校这几年培育了一大批优秀的骨干教师，如云桦、袁秀芳、曹燕等，他们都是教龄仅5～7年的青年教师，经过短短几年时间，教育教学及管理水平都得到了极大的提高，现在已经完全能胜任实验班、网络班乃至直升班的教学工作和班主任工作。

对学生而言，教学的同步、考试的同步，让边远地区孩子们的学习与四川最好的学校同步了，因此大量的优生出现了，直播班考上名校的学生比比皆是。学生们也在三年的网校学习中克服重重困难，变得坚强，变得自信，极大地提高了自律能力、心理承受能力、自主学习能力。网班一名学生说："现在的我适应了这种忙碌的学习生活，我没有太高的要求，只求我的付出能有所收获，只愿能超越自己。""我发现自己越来越喜欢这个班了，喜欢班上每位老师、每位同学……在这里我学到了很多，除了知识，还包括如何战胜困难、如何做人。"除了能考上一所好的大学，这些也是学生们收获的财富。

《这块屏幕可能改变命运》让云南省禄劝一中火了。素有"三河一江地，彝歌苗舞乡"美誉的禄劝彝族苗族自治县是昆明市的郊区县，北邻金沙江，与四川省会理、会东两县相望。禄劝一中是一所有90年办学历史的二级完全中学。

2006年，禄劝一中处于"校舍破旧、师生'流离失所'、办学规模锐减、生源快速流失、师资严重流失、教学手段落后、教学效率低下、后勤保障严重落后"的学校发展历史低谷期，与学校搬迁新建、学校综合改革和国家新课程改革的发展机遇期的交替时机。与成都七中东方闻道网校合作，引入全日制远程直播教学，改变了这所学校的"命运"——将成都七中先进的教学理念、教学模式、教学方法及严谨的教学态度引入教育教学管理中，不断提高教育教学质量。"直播教学成为学校的一张'名片'，促进学校治理体系不断完善和治理能力不断提高。"副校长吴飞说。

不管是什么教学，要是师生没"动起来"，都是不管用的，只有着力完成师生的主体意识的培育，使教育从自发走向自觉，才能办好直播教育，才能提升教学质量。开展直播教学十二年来，禄劝一中认真抓好三件事：第一件事，以主体性实践活动培养学生的自觉习惯。第二件事，以教师的自觉教育引导学生自觉发展，以教师学科教学研究提升学生的自觉学习质量。第三件事，以课程建设铺设学生的自觉发展通道。

引入直播教学后，禄劝一中先后获得60余项教育教学表彰奖励，2010年获昆明市高考综合质量优秀奖和高考质量进步奖，是全国"青少年校园足球特色学校"、云南省"绿色学校""平安校园""语言文字规范化示范学校"等；直播教学班级规模从每年在校生2个班100人，到每年在校生34个班1 724人，学校办学规模从24个班895人扩大到88个班4 703人，高考上线率从47％提高到95％，本科上线率从25％提高到60％，优生培养效果显著，一本人数从25人左右提高到107人；先后有上百名教师成长为省市县级骨干教师，学校办学水平位于昆明市二级完中前列，已超部分一级完中。

"远程直播教育是促进民族地区学校教学质量提高和'质量兴校'落实落细非常重要的路径。政府投入大量资金开办远程教学，目的是要把发达地区优质的教学资源，通过远程教学的方式，直接流向老少边穷地区的学校课堂，使这些地方的孩子享受到跟城里孩子一样的教学质量。"康定中学校长陈军对全日制远程教学模式充满情感，"关键是看你能不能重视它，持之以恒使用它，结合实际用活它。"

二、老区山区学校：见贤思齐，向成都七中看齐

巴中三中地处秦巴山区，是巴中市最年轻的市级示范性公办普通高完中学，也是巴中近 20 年来发展变化最快的公办普通高完中学。这所始建于 1990 年，于 2001 年开办首届高中班的学校，是原来的江北乡初级中学。

2001 年前，全校不足 10 个教学班、300 余名学生，2001 年 9 月开设高中教学班后，面临经济落后、信息闭塞、教育发展滞后、优质教学资源缺乏、课堂教学效率不高、教育教学质量难以提升等诸多困难和瓶颈。这些老区、山区和贫困地区后发薄弱学校发展面临重大挑战，急需在教学教研方面得到专业引领。

2007 年，学校为了让学生享受更优质的教育资源，探索创新教育教学新模式，主动与成都七中联系，并成功"联姻"开设网络直通教学实验班，成为巴中市第一个与成都七中实现网络直通教学的学校。经过多年的教学实践，巴中三中网络教育取得了可喜成绩，既提升了教师队伍教育教学水平，又让学生就近享受了省内优质教育资源。近 10 年来，学校高考上线率逐年攀升。高中网络 1 班本科上线率连续 4 年保持在 100%，一本上线率接近 80%。学校办学水平得到了学生、家长、社会的好评。这所 20 年前的乡级初中，12 年来在成都七中的引领和助推下，华丽转身，被评为市级示范学校，连续 10 年被巴中市教育局评为巴中市教育教学综合评估十强学校和先进集体。

加入网校之后，教师和学生最大的变化是什么？

校长熊维状说："见贤思齐焉。"自从 2007 年引进成都七中远程直播教学资源后，巴中三中一直注重运用成都七中的优质网课资源培养教师，12 年来在网校"四同步"的培养下，建立起了一支师德高尚、专业优秀、学科配套、年龄结构合理的高水平教师队伍，实现了以优促优、向优秀看齐。其中 10 多人被评为省级骨干教师，20 余人被评为市级骨干教师，2 人被评为特级教师，1 人被评为正高级教师。

12 年来，网班和云班已有 10 届高中毕业生。2010 年，年仅 15 岁的李

易霖考入北京科技大学，他曾经有幸成为"留学"成都七中的学子之一，那时他就完全被七中优秀教师团队和顶尖学子所征服。2013年考入复旦大学的黄相元、考入武汉大学的刘维等也曾得到了与七中学生同堂探讨、与名师交流互动的机会。这些农村孩子表现出流畅的表达能力、缜密的逻辑分析能力，与七中的熏陶分不开。2014年考入中国科学院大学的李小龙、2015年考入同济大学的王嵩豪等孩子，都是经过网校学习后从一个个的农村小男孩变成一个个有思想、有内涵、有竞争意识和服务意识的优秀高中毕业生。

巴中三中于2013年从成都七中引进云技术未来课堂，让山区孩子享受到了现代化的教育技术和媒体，提质增效逐渐凸显，全面实现了以课堂互动为中心、全面反馈课堂质量、分层因材施教。2016年考入北京理工大学的张泓弦、2017年考入武汉大学的刘柱、2018年考入西北工业大学的夏子文、2019年考入吉林大学的王浩等200多名学生因为有了七中课堂、老师和文化的融入及引领，插上了腾飞的翅膀，实现理想，不负韶华。巴中三中近年来的成绩，吸引了川东北很多中学前来学习交流。也正是在巴中三中的带动下，川东北片区目前已有30余所学校使用成都七中的网课资源，助推了边远贫困地区教育发展。

和巴中三中类似，距离成都市区93公里的平乐中学为了突破发展困局和区域相对劣势，从内到外进行梳理反思，最后决定引进成都七中的优质资源，整合校本资源，用活用好学校现有资源，为再次起跳找到一个"跳板"。

平乐中学是一所成都市级重点高中。进入2010年之后，学校发展进入瓶颈期，本科升学人数始终维持在150人左右，很难有所突破，随着竞争的加剧，在重本升学人数上更是举步维艰。副校长韩松涛说："选择七中网校，一是基于学校自身发展的需要，希望利用七中网校资源，从师资、课程到管理机制等方面汲取七中先进经验，推动学校走出困局；二是在日益激烈的竞争中，借助七中优质教育教学资源，吸引更多优秀学生前来就读，为更多的农村优秀学子提供更优质的教育资源和学习平台。学校从2012年秋季起举办了高中首届直播班，班额为1文1理，约90人。经过近10年的发展，目前有直播班 2 文 2 理，各约 200 人。"直播教学的蓬勃发展，进一步提升了这所成都市第三圈层学校的办学质量，满足了广大学子对优质教育资源的需要，也成了平乐中学一张响亮的名片。

结合自身实际，平乐中学还提炼总结出了直播教学的教师工作规范、学生学习规范等常规要求，并将七中的课堂精华移植到其余班级当中，形成了具有平中特色的课堂教学模式。学校发展进入了快车道：近 3 年，高考文化成绩硬上本科保持在 200 人以上，本科升学率保持在 60％以上，全校综合本科升学率保持在 70％左右；考入 985、211 高校的人数越来越多；考入上海交通大学、中国人民大学、同济大学、华中理工大学等著名高校的学生翻倍增长。

三、一场幸福的相遇：克服阵痛，化茧成蝶

"教育，是一场幸福的相遇。"巴中三中校长熊维状这样评价和成都七中的合作模式。美国教育学者帕克·帕尔默指出："所有真实的生活在于相遇，教育就是无止境的相遇。"教育向美而立，期待美好，与美好相拥。为边远、民族地区学校的学生提供远程教育，可以使他们和大城市的孩子一样，享受优质教育资源，好比为他们打开了世界之窗。七中的网课，开阔了老师与学生的视野，激发了他们教育的激情、学习的兴趣。

远程直播教学是开教育之先河的新生事物，是前无古人的创新，没有成熟的理论，也没有完整的经验。在此过程中，远端学校克服了种种困难，其间充满改革的阵痛和如同"蜕皮"般的裂变，最终"化茧成蝶"。

雷波中学与成都七中进行远程同步教学之初，由于其学生素质和七中学生有很大差异，老师们按部就班，没有深入研究，致使网班成绩一直不理想。和传统教学相比较，第一，直播教学标准高、教学坡度陡、教学容量大、教学进度快；第二，教学的方式方法产生了本质的变化，远程教学的方式带来了学习上的各种障碍；第三，能进入网班的都是当地相对优秀的学生，他们长期以来在学习上不断得到肯定，但在大网校内高起点、高标准的竞争中难以得到认可。所以学生很不适应，主要表现有：由于对自

己估计过高，所以直播开始后感觉一落千丈，完全丧失了自信，甚至出现退缩放弃的念头；在直播课堂上得不到授课教师的实时回应，情感上孤独失落，缺乏被认同感；由于不会迎战困难，情绪波动，抵制直播甚至厌学转班。由于对直播教学不适应、与七中学生初中基础差距大等，在直播初期学生容易出现考试成绩不理想，甚至倒退现象，因而教师也产生怀疑、焦虑、无助，使不出劲甚至动摇，觉得还不如自己教。

徐华说，直播班备受学校和社会瞩目，各方面的压力都让老师和学生迫切希望出成绩。如果这个时候教师思想动摇了，认为"我们的学生习惯不好，比不上七中的好学生"，或是"七中教得太难了，不适合我们边远山区的学生"，就会导致学生也不相信七中，必然会使教学管理混乱，使整个班从一开始就败下阵来。所以，教师只有正确看待初期出现的不适，认真分析，花大量的精力和时间，采取一些措施帮助学生，也让自己尽快适应网络教学。

为此，雷波中学在四个方面统一思想和行动，在"化茧成蝶"过程中起到了至关重要的作用。

一是树立信心，相信七中。首先，给学生讲直播教学需要一个适应的时间，直播教学的特点就是高一成绩不明显、高二有改观、高三出成绩，只要坚持下来，成绩自然会出现跨越式的提高。其次，给学生讲直播教学是"强强合作"的双师教学，讲七中老师的优点，使学生真正佩服、接受七中老师。要让学生知道，我们享受着七中的优质教学资源，又有本校优秀教师的热诚辅导，强强结合，一定能提高成绩。

二是加强管理，形成习惯。七中"三高一大"的课堂特点使得学生一天学习下来需要消化的内容很多，复习、作业占据了大量的时间，学生学得疲惫不堪，效率也不高。教师就只有在合理安排时间、有效利用时间、提高辅导效率上付出更大的努力，特别是在学生学习上，教会他们如何学，形成好习惯。教师要在课堂上做好巡视检查，监控指导，及时关注学生的状态，及时提醒学生记下当堂课的重点，抓住时机适当点拨，强化重点，释疑解难。同时教师也要记下一些学生在当时没搞懂而又需要花较多时间才能解决的问题，以便课下辅导。

三是加强辅导，跟上步伐。辅导是直播教学不可少的，也是远端教师根据自己学生的实际，对知识进行梳理，对学生进行加强的过程。辅导从学生的实际出发，教师通过学生作业完成或上课情况，进行总结分析，了解学生存在哪些问题，是知识本身的还是知识的迁移，是共性还是个体，是学习方法还是能力，哪些问题需要及时解决，哪些需要逐步解决。明确不同层次的学生掌握知识的程度，研究他们的思维过程，找出问题的原因和症结，然后确定辅导的内容和方法。在每天直播课之后的下午或晚自习有一节辅导课，老师们可以解决直播课上的或学生需要及时解决的问题。为了有效辅导学生，老师们都是在认真备课后，同学生一样去听直播课，记下学生没弄懂的地方，并通过及时批改作业，找出问题所在，及时解决。在每次考试过后，老师认真分析每题的得分情况、学生做错的原因之后对学生进行辅导。

四是关注心理，及时调适。直播班的学生都渴望出成绩，但实际取得的成绩往往不是自己所期望的。面对这种情况，老师们还要帮助学生正确认识自己，树立信心，及时进行自我调节。经过长期深入的实践与探索，凭着七中人及远端教师的智慧，凭着对学生成才的热切希望，学校反复调研，深入研究网络课堂，总结出了一套行之有效的具有该校特色的网络课堂教学方法，即信、预、跟、练、辅、心"六字法"。

"一所学校的发展不能只依靠少数的几个班和几个老师，我们相信全日制远程直播教学最终会培养大批优秀教师，实现远端学校'自我造血'的可持续发展，从而推动整个学校乃至整个地区的教育发展，真正让老百姓受益。"徐华说。

平乐中学副校长韩松涛认为，七中网校的模式，绝对不能用急功近利的眼光去看待它，而应该用"利在当代，功在千秋"的视角去解读它。衡量它成功与否的标准，绝不仅仅是升学人数和重本人数的多寡。更重要的是，应该看到在这样一种模式下，优质资源有了无限放大的可能，无数落后地区的教师、学生有了走进名校课堂的机会。在没有引进七中网课之前，学校对教师的培训仅仅局限于一些规定的"菜单式"培训，但现在可以借助网校平台，使教师从线上到线下，全方位参与七中的同步教研，享有七中的各类教育教学资源。学校老师不仅在参与七中课堂教学过程中学到了精湛的教学技艺，更重要的是接受了新的教育教学理念。

"网校带来的看得见的收获是一个学校本科升学人数不断刷新纪录，而看不见的、影响更为深远的，则是通过这个平台，无数老师的观念得到更新，职业认同感得到增强，迅速成长为学校发展的中坚力量，为学校长远发展提供源源不竭的动力。"教育资源的关键还是人才，如何实现教育人才的均衡才是解决教育公平的关键所在。当有一天，优质师资不是聚集在一地或一校，而是像流动的动车，穿越无数个站台搭载着无数学生开往春天的终点站，那才是教育公平最理想的状态。

熊维状说："这种模式通过教育协作，实现了教育的均衡发展。在中国广袤的大地上，经济发展的不平衡也使得教育呈现出区域差距。让贫困地区的孩子享受到同样优质的教育资源，是成都七中的责任与担当，也是巴中三中的梦想与追求。10年前，我有机会到成都做了一年多的教育教学工作，让我感触最深的是，我们巴中的孩子，特别是像我一样生长在大山的、农村的孩子，与大城市的孩子最大的差距不是在分数上，而是在见识、信心和眼界上。所以，我们首要的不是教给孩子们攀登高山的本领，而是登上高山的勇气、站上山巅的自信、眺望远山的眼界和回馈高山的情怀。"

如何看待全日制远程直播教学今后的努力方向？韩松涛认为："全日制远程教育要突破'远'的局限，因为'远'，我们难免不合拍；因为'远'，我们难免有偏差；因为'远'，我们难免太随意。如果我们能从线上的远程，走到线下的接触，通过更多的近距离的接触、交流，真正拉近距离，用两条腿走路，会更快、更稳、更好。比如，我们是否可以开展更多的名师送教活动，把屏幕里的课堂搬到远端学校去，让远端师生零距离感受名师风采？我想，这样真实的教育教学活动如果开展起来，远程教育其实并不远，它就在我们身边，看得见摸得着。"

敬畏感是一种更深的情怀和愿景。"对直播教学我们始终有一份敬畏感，我们还不懂或不完全懂得，我们的理解还非常肤浅，对开展好直播教学，我们要走的路还很长、很艰辛，制约的因素还很多很多，但只要心中有梦想，坚守自己的追求，我们始终会走在'艰苦奋斗的成功之路上'！"

禄劝一中副校长吴飞说。

全日制远程教育模式对教育均衡的意义在哪里？简单一句话：在于"打破时空地域限制，开放名校资源"，满足了人们对优质教育资源的需要，让每一个人借助互联网都可享受优质教育资源。它为我国实现教育均衡化提供了一套操作性强、实践效果好、推广难度小的成功方案，为每一个贫困山区的孩子照亮了未来前行之路。

第六章

不是尾声： 未来已来 泛在已在

我们建设"泛在七中"，期望它能够实现"能者可为七中师，愿者可在七中学"，期望它能服务于师生学习的个性化和成长的个性化，期望真正实现教育人从古至今的理想——因材施教。

第一节 "泛在七中"建设的思考与设计

成都七中全日制远程直播教学是在教育信息化 1.0 的背景下，为了对边远、民族地区薄弱学校提供精准帮扶，通过卫星技术手段实现名校优质教育资源"到校""到班"的一项工程。近二十年的努力得到了社会的广泛认可，卫星远程直播教学成为成都七中的办学特色，也成为四川教育信息化的一张靓丽的名片。

一、"泛在七中"建设的背景

1. "泛在七中"建设的技术背景

这是一个重新定义学校的时代。在线教育将推倒传统学校的围墙，网络就是学校，移动终端就是课堂，学习将发生在任何可能的时间和空间。随着云计算、大数据、机器学习、移动通信等技术纷纷取得突破，教育的智能化和教育的个性化将真正实现……学校将被重新定义，教育将从有限走向无限。

2. "泛在七中"建设的学校战略背景

成都七中虽然已有全国名校的美誉，但它的发展依旧面临挑战。满足于当下，可能要输掉未来；美誉度代表的只是过去，如果不思进取，老树不发新枝，完全可能被人弯道超车，同样会被时代淘汰。而老校最有可能被新校和其他强校超越的地方首先是教育信息化。为响应教育信息化 2.0 的发展方向，实施教育信息化 2.0 的七中行动，成都七中的全日制远程直播教学必须与时俱进、迭代升级，从而促进教师转型、学校转型和课程观转型，推进学校教育的创新发展和科学发展，进一步发挥名校的高位引领作用。

结合学校承研的国家级科研课题"信息技术与教育教学深度融合培育学生创新素养的实践研究",受华东师大袁振国教授的文章《泛在教育解开乔布斯之问》的启发,七中团队提出了"云端学校——泛在七中"的建设思路。"泛在"的含义,通俗地讲就是"人人皆学,处处能学,时时可学";我们建设"泛在七中",期望它能够实现"能者可为七中师,愿者可在七中学",期望它能服务于师生学习的个性化和成长的个性化,期望真正实现教育人从古至今的理想——因材施教。

通过"云端学校——泛在七中"的建设,以"卫星+互联网"为技术载体,"泛在七中"在服务师生的同时,促进七中自身的转型升级,为教育的均衡公平,为教育的未来发展承担名校责任。

二、"泛在七中"搭建混合式学习的最佳平台

"泛在七中"以师生的个性化学习和个性化成长为核心,是一个紧密联系线下线上的教学方式和学习方式,是线上线下相结合的混合式学习平台。

"泛在七中"探索线上线下混合式学习模式相关要素之间的关系。①学习空间:固定学习空间与自主学习空间的关系;②学习时间:固定学习时间与机动学习时间的关系;③学习方式:集中学习与个体自主学习的关系;④学习载体:信息化条件下,学生处理好线下学习与线上学习的关系。这四个要素体形成一对多、多对多的关联,最终形成混合式学习的最佳路径,提高学习效益,切合实际地服务师生的个性化学习和个性化发展!

另外,"泛在七中"不是一个单纯的资源平台,更不是一个线上补习学校,而是一个切实提升师生综合素养的大平台!

三、"泛在七中"实现能者可为七中师

"泛在七中"要为师生的个性化学习和个性化成长提供服务,要实现定制化的资源满足师生的个性化需求。个性化学习和个性化成长必须有个性化的指导和个性化的资源,师资不够怎么办?资源不够怎么办?"三人行,

必有我师焉"，"泛在七中"将组建开放的教师群体，即云端七中的教师除七中和七中教育集团的优秀教师，还可以是优秀家长、优秀校友、特聘教师、客座教师和优秀学生等。"泛在七中"将整合符合七中标准、代表七中形象、具有七中高度的各方面的人才资源为社会提供符合七中认定的课程，彰显七中的价值观和教育观，从而实现能者可为七中师的追求。

四、"泛在七中"实现愿者可在七中学

新中国成立 70 余年，我国的基础教育得到极大发展，但是优质教育资源还是不能满足人民群众的需求。"泛在七中"通过技术手段，实现愿者可在七中学，满足更多师生享受名校优质教育的需求。

1. "泛在七中"服务于七中本校师生

"泛在七中"首先服务于本校师生。探索搭建服务于学生个性化成长的学科课程、拓展课程、素质课程的混合式学习模式。

探索校内线上跨行政班的学习模式。即在教师的指导下，在线上实施针对不同的学生群体特点，采用不同的学习路径的策略，精准提高个人的学习效益，服务于学生个性成长。

"泛在七中"也为师生课外的个性化学习提供有力支撑。师生可以在校内自习时间、回家或假期自主学习时间，通过点播和重复播放的方式反复咀嚼消化课程的重难点，实现对知识的掌握和过手。

2. "泛在七中"服务于网校远端学校的师生

"泛在七中"站在历史的新起点，聚焦新时代对人才的培养需求，以公益为先，经营为辅，践行名校的责任与担当，回馈社会，与网校远端的师生建设共创共生的学习共同体，服务于网校远端学校的师生。

远程直播教学在原有卫星网的基础上，通过技术升级增加互联网线路，使同步传输和网络点播学习都得以实现。双网的高普适性，将会让更多远端师生受益，让教育精准帮扶再上台阶！

3. "泛在七中"将面向社会开放

"泛在七中"将面向整个社会开放，学习主体还可以是任何愿意参加泛在学习的非本校和非网校的学习者，受益群体将到达校外更多的学习个体。受益人群除了本校的 5 000 多名师生和七中网校的近十万师生，未来还会有更多的学生、教师和家长群体！学生可以通过跨平台、跨终端的设备实现个性化的自主学习，真正实现愿者可在七中学。

五、分步建设"泛在七中"

建设"泛在七中"是我们促进学校网校转型升级的一个重要战略，是信息化 2.0 的七中行动的一个重要抓手。

信息化 2.0 要实现以下三个升级：一是教育信息化要实现由技术驱动到应用驱动，再到育人驱动的升级；二是教育信息化要从服务于老师的"教"向服务于学生的"学"升级；三是在线教育还要从大规模的、统一的资源供给，向个性化的私人定制升级。在疫情期间，众多的学校、大多数老师都参与了线上教学，但是这种统一的线上直播教学，很多时候跟教育信息化 2.0 的美好愿景还相距甚远，还没有真正实现学生的个性化需求与选择。

建设"泛在七中"，需要与线下教学进行统筹安排，需要学校教学部门的统筹，需要卫星或互联网直播教学的辅助。我们联系年级组，依托教研组、备课组，每个学期系统地规划一个学期所需要开设的线上课程，每周周末在泛在学习平台上推出若干精心录制或者直播的线上课程，分步骤、分阶段地建设"泛在七中"。

学校成立"泛在七中"建设领导小组，成立相关工作的执行小组，组建"泛在七中"的教学团队、技术保障团队和教务支持团队。教学规范和教学质量把关老师，主要由教研组长、备课组长和学科名师来担任；录播和直播的授课教师，主要以中青年骨干教师、名优教师为主，初期以学校网班、云班教师为主；技术保障团队和教务支持团队，要负责技术保障、视频上传、网络运维等工作。

"泛在七中"的成败关键在课程。对于"泛在七中"的课程，我们初期规划有学科援助课程、学科拓展课程和综合素养提升课程。这些课程都紧密联系线下教学和学生的实际需求。对于初期的学科课程，我们准备提供分层学习资源：学科援助课程可以是基础知识的讲解过关，可以是学科知识的阶段性总结，可以是过关习题的讲解和难点、易错点的辨析，还可以是学习方法的个性化指导等；学科拓展课程可以是学科文化的介绍，可以是强基计划的准备与建议，还可以是大学先修课程等；综合素养提升课程可以是读书交流、生涯规划、心理辅导、艺术鉴赏、劳动教育、人文讲堂、科学讲座、创客实践、体育与健康指导等课程。

同时，我们还准备成立线上家长学校，为家庭教育提供支持和帮助。

名校，不仅与历史有关，不仅与名气有关，不仅与荣誉有关，还与主动学习和勇于自我革新有关。教育信息化 1.0 时代，七中网校通过卫星直播实现了对远端学校和民族地区学校的精准帮扶，通过一块屏幕改变了很多人的命运。教育信息化 2.0 时代，我们希望通过三至五年的努力，再造一所云端七中，建成"云端学校——泛在七中"，通过"人人皆学，处处能学，时时可学"的泛在学习，实现因材施教，建设未来七中。

第二节　"互联网＋"时代全日制开放的百年名校

成都七中源于墨池书院和芙蓉书院，已有 115 年的办学历史。一百多年来，学校秉承"审是迁善，模范群伦"的校训，以审是为本，以迁善为法，以模范群伦为鹄，耕耘不辍，经过几代七中人的努力，成就了今天具有广泛影响力的中华名校。

一、模范群伦，名校的责任与担当

天府腹地，物华天宝，千年锦官，群英汇聚，成都七中的辉煌，除了来自七中人自身的努力，还是社会各方力量融汇的成果。成都七中在审是迁善、不断自新的过程中，始终不忘"模范群伦"的初衷，不忘教育资源匮缺的边远地区和暂时落后的薄弱学校，不忘名校的责任与担当。多年来，七中努力选派优秀教师参加支教工作，接纳薄弱学校教师进校跟岗研修，以开放的心态努力帮助薄弱地区学校提高教学质量。但是，我们所付出的努力和我们希望看到的大规模的质量提升难以匹配，我们的努力没有办法突破薄弱地区教师培训实施成本高、受益面小、工时矛盾的瓶颈，更不能把成都七中的优质资源直接作用于边远地区和薄弱学校的学生。

随着信息技术在学校的广泛应用，我们找到了"模范"的新方法，我们要用信息技术打开七中的围墙，让薄弱地区学校教师和学生"走进"成都七中：借助信息化手段，把成都七中办成"全日制开放学校"，无损地放大优质教育资源，真正实现教育的精准扶贫，从而切实推进教育均衡和教育公平。

2002年，成都七中与其他公司合作成立成都七中东方闻道网校，以全日制直播课堂教学为基本的开放形式，以通信稳定、受地形气候条件影响小的卫星专网作为主要通信媒介，向薄弱地区学校实时直播9门高考学科的全部课堂教学。全日制开放是对学校的重大考验，因为它所对应的不是打磨几堂课用以展示，而是对日常常规教学，从课前到课中，再到课后的全天候、全过程、全方位的开放，全面接受同行和学生的审视。"模范"者，非一时之善，而在于每一个细节，是对真功夫的大考。

二、"四个同时""四位一体"解决直播教学"无效"难题

课堂直播型的远程教育一直以来主要用于展示，而非日常。但是，成都七中不愿意涂上应景的金粉，更希望素面朝天、容江纳海，构建边远地区与成都七中师生共生的舞台。之前，大量的远程课堂直播型项目或停留在应景展示，或因为无法取得实效而夭折，所谓的远程教育当时以两种方式生存：一种是当互联网的搬运工，即提供资源陈列下载，另一种是假远程教育之名，行卖证书和文凭之实。在分析大量案例以后，我们发现其没有取得实效的共性原因：①将远程教育简化成了知识讲解，忽略了教育是多要素组合的综合活动，尤其是忽略了情感和心理因素；②远程教育项目

不能与传统教学良好结合，没有进入常态教学课堂，强加给中学生无以复加的学习时间；③忽略了教育的服务属性，忽略了远程教育有其自身规律，需要研究和优化服务，保证教学效益。

网校按照原汁原味、异地同堂、师生双模范，协同教学、跟岗研修、双师共育人的目标设计了全日制远程直播教学"四个同时""四位一体"的教学模式。"四个同时"即"同时备课、同时上课、同时作业、同时考试"，指薄弱学校学生和成都七中学生听成都七中同一位老师的课，完成同样的作业，作答同样的考卷。"四位一体"即"七中授课教师、七中把关教师、薄弱学校协作老师、网校技术支持教师"分工协作，将成都七中与教育薄弱学校组成"协同教学共同体"。七中老师前端远程授课与远端学校同堂协作教师面授答疑相辅相成，突破地域限制，让薄弱地区教师全方位、全过程地参与到成都七中的教育教学的关键环节中来，共享先进教学理念和优质教育资源。网校在帮助薄弱地区提高教育质量的同时，促进远端薄弱学校教师的专业成长，促进薄弱地区学校形成"自我造血"的机制，实现薄弱地区学校的跨越式发展。

三、全程完整地向远端学校开放教育教学活动

1. "全日制"要求自己全面开放，全程受检

全日制的设计在于将成都七中的教育教学活动全程完整地向远端学校开放，从教学年历、教学计划、教学备课、课前预习到课堂教学、课后作业的要求、测试、假期作业与练习等完整地、同时同步地向远端学校传送或共同开展，要毫不保留、原汁原味地向远端学校提供，成都七中必须倾其所有。网校通过企业运作注入商业元素，网校通过收入保证项目的持续推进与深化，通过派出技术人员在远端学校驻场服务，为远端学校提供及时技术支持并让远端学校直接表达自己对成都七中教育教学的意见，克服以往教育帮扶中薄弱学校对我们欲说还休、点到为止的现象。这样做一方面让远端学校真切融入七中，另一方面让七中自己给自己施压，给自己的每一个教学环节设置几百个日常检测点，有效地促进了成都七中备课的精

细化和教学的规范化，促进成都七中教师的信息化水平和学科教学专业能力的提升。

2. "直播"落脚于"异地同堂"

学生是学习的主体，在纯真的学生面前来不得半点虚假。直播就是要让学生在心理上接受自己是成都七中远端班的学生，从而以成都七中学生的标准要求自己。因此，直播的设计首先在于心理牵引，在于学生身份定位的初始化。有了这样的定位以后，大部分远端学校对学生的超高要求，在学生的心目中逐步变成正常的要求，易于接受，而这种接受已经标志着他人生成功的开始。在完整的高中三年时间里，远端学生与成都七中校本部前端班的学生一起经历1 000个日日夜夜的每一个细节，他们一起心跳、一起叹息、一起欢笑、一起愁眉、相互鼓励、一起吐槽，在七中的育人体系的浸润下，逐渐地成为志向高远、善于表达、自信从容的七中人，同样实践着成都七中"全球视野，中国脊梁"的培养目标。

3. "直播教学"大于"教学直播"

"直播教学"不仅仅是"教学直播"。成都七中是直播教学的前端学校，前端和远端学校的教学协作是直播教学成功的关键。成都七中的授课教师，其主要任务是面向前端、远端的班级进行普适性教学，其教学进度、难度的设计和教学技术的应用要尽量兼顾前端和远端学生的共性。远端学校同堂协作教师的主要任务是：一是在成都七中普适性教学的过程中做好课堂组织和课中协同教学，帮助学生在课中理解和消化七中教师的授课内容；二是根据本校本班学生的实际情况，设计课前预习的内容，进行预习环节的管理和课后的分层指导，实现远端学生的个性化学习和最充分的提升。直播教学的开展让"以学生为主体"的教学理念落到实处，尤其是远端学校的教师，在他们成为远端同堂协作教师的那一刻就注定了他们身份的转变：从知识的宣讲者转变为学生学习的参与者和帮助者，成为学生成长的导师。直播教学前端授课教师和远端同堂协作教师不可或缺，他们的教学协作是通过信息技术在相同的时间、不同的物理空间协同共构的一种以名校为基础的新型教育教学形态。

四、没有围墙的成都七中帮助弱校成长，自己更强

远程直播教学让成都七中没有围墙，没有围墙的成都七中也拥有了全日制远程直播教学协作大集体，四川、云南、贵州、甘肃、青海、陕西、江西、河北、黑龙江、山东、广西、新疆、重庆 10 省 2 区 1 市的 301 所高中学校，每天有 8 900 多名教师、8 万余名学生与成都七中异地同堂。

1. 无损放大，七中更强

从 2002 年开始直播教学，成都七中将学校管理和一批批教师放在聚光灯下，其每一堂课都是面向三百多所学校的公开课和示范课。每天出现在屏幕里的七中授课老师成为声名远播的"网红老师"，他们常常在校园里被来自远端的师生包围，经常收到来自远端师生的祝福，在外出工作和旅游中也常有与远端师生的偶遇并得到超乎寻常的礼遇。这使七中的授课教师比以往更充分地享受职业的荣誉感和满足感，更加看重自己的本职工作，从而促进教育教学的精细化和规范化，促进自己的专业成长。远程直播教学对学校的管理工作也提出了更高的要求，从课表排定到教学资料的超前准备，从教学年历的制订到教学计划的设计，从教师的代课、换课到教案的提前提供，每一次的不规范或者调整都会带来几百所学校的混乱，形成几何级的连锁反应。远端学校的存在就像几千个教师在用显微镜审视成都七中的一言一行，包括教育理念、学校文化建设、教学管理、教师队伍建设等方面，这就迫使成都七中不断地提升自己，追求卓越。在这种压力和动力的转化中，成都七中迈上了一个又一个的台阶，变得更高更强了。直播教学开展以来，从成都七中输送出去的成都市中学校长就有 20 多个，撑起了四川省优质教学的一片天。

2. 边远不偏，师生成长

全日制远程直播教学最直接的成效体现在远端学校学生升学成绩的提升上。自 2005 年首届接受远程直播教学的学生毕业至今，已有 62 名教育薄弱地区的学生走入清华、北大。在四川省民族地区，一些以往连专科生都没有出现过的学校，如阿坝州松潘中学、小金中学，甘孜州康北中学等，

在加入直播教学以后，不但有了本科生，还有学生考上了重点大学。2012年，网校创造了甘孜州、阿坝州、凉山州三州少数民族远端学校直播教学班均有学生被清华、北大录取的历史记录。

全日制远程直播教学最重要的成效体现在远端薄弱学校教师的专业成长上。在全日制远程直播教学环境下，薄弱地区教师通过与成都七中教师的协同教学，结成了一届三年稳定的"师徒"关系，不离校，不离岗，全程参与成都七中的教学教研。他们通过同时备课，了解七中的教学安排，领会重难点的教学设计；通过同时上课，每天与七中教师在课堂中"双师协同"，学习和掌握最新的教学技术，也默会了名校教师的职业规范和隐性知识，获得自身发展的最佳"营养"，还可以马上在自己的其他教学班去实践。这种"学中做，做中学"的跟岗研修方式，让薄弱学校教师的教学理念得到了快速更新，职业能力得到了快速提升。

3. 弱校变强，教育发展

全日制远程直播教学帮助薄弱学校解决了师资配套、学科完整和工学矛盾等困难，使其教学水平持续健康地提升，带动一批老少边穷地区的薄弱学校走出了办学困境。薄弱学校的直播教学班在当地成了优势教育品牌，受到当地社会的认可，减少了薄弱地区师资和优质生源的流失。四川省甘孜藏族自治州康定中学从 2002 年开办高中直播教学以来，学校管理效率、教师专业水平、学生的综合素质和学习成绩不断提高，已经连续几年实现了直播班 100% 的本科升学率，并不断刷新本校高考历史记录。康定中学借助直播教学平台实现了学校成为我国藏区第一基础教育品牌的理想。生源回流、教师稳定、社会认同，为在边远、民族地区工作的干部群众缓和了家庭与事业的矛盾，解除了孩子成长的后顾之忧，为当地社会稳定做出了贡献。

全日制远程直播教学因其促进教育均衡和教育公平和对边远、民族地区快速提升教育教学质量的贡献而受到政府、专家、教育同行和社会的普遍关注和肯定，成了中国西部边远地区摆脱教育落后面貌的重要手段。在 2012 年召开的第一次全国教育信息化电视电话会议上，全日制远程直播教学得到大会肯定。在 2015 年、2016 年的国际教育信息化大会上，全日制远程直播教学作为我国教育信息化的成功案例向大会做介绍。2014 年，时任美国总统奥巴马的夫人米歇尔·奥巴马专访成都七中，她走进成都七中直播教学的课堂，与本部示范班和远端学校的同学进行了实时交流。2016 年 9 月 27 日，全国边远、民族地区教育信息化推进工作现场会在四川甘孜州举行，代表们走进成都七中东方闻道网校远端学校康定中学观摩。

全日制远程直播教学让成都七中走进千家万户，温暖了边远地区的孩子和家庭，形成了广泛而深远的影响。成都七中正在进行"泛在七中"建设，将更加开放，将有更多学校和更多孩子共享成都七中的优质教育资源。在推进教育信息化，推进教育公平、教育均衡和教育精准扶贫的路上，成都七中一直在努力！